ANGELA DAVIS

Mujeres, cultura y política

ENSAYO 41

Esta obra ha recibido
una ayuda a la edición del
Ministerio de Cultura y Deporte

ANGELA
DAVIS

Mujeres, cultura y política

Traducción de
Daniel Esteban Sanzol

Para Nikky

Introducción

La labor de la activista política implica, de manera inexorable, asumir cierto grado de tensión entre la exigencia de lograr que se adopten algunas posturas que afectan a problemas actuales —a medida que estos van surgiendo— y el anhelo de que nuestras contribuciones sobrevivan de algún modo a los estragos del tiempo. En este sentido, el reto más peliagudo al que se enfrenta una activista consiste en responder plenamente a las necesidades del momento y en hacerlo, sobre todo, del tal modo que la luz que intentamos proyectar sobre el presente ilumine también el futuro. Como es obvio, una nunca sabe a ciencia cierta si sus posturas y análisis conservarán su valor una vez superada la inmediatez del presente. Precisamente por eso, libros como el que ahora tienes en las manos exigen, inevitablemente, asumir ciertos riesgos, e incluso hacer gala de cierta suficiencia.

Sería negligente por mi parte no reconocer la motivación personal que recorre este trabajo: el deseo de escoger unos cuantos momentos de mis últimos años como activista política; un puñado de experiencias que, de lo contrario, habrían sucumbido a su efímero destino. En este sentido, el presente trabajo supone un esfuerzo por ofrecer una mirada retrospectiva que dote de continuidad a una vida atravesada, durante casi dos décadas, por un montón de luchas locales y globales en favor del cambio social progresista. A finales de la década de los sesenta, este compromiso fue el trasfondo de mi despido del puesto que entonces ocupaba en la Universidad de California en Los Ángeles, debido a mi afiliación al Partido Comunista. A esto se sumó, más tarde, mi arresto policial bajo falsos cargos por asesinato, secuestro y conspiración. Desde que fui absuelta, en 1972, he consagrado gran parte de mi vida a hablar en público, lo que me ha permitido viajar y pronunciar conferencias por todo el país y en el extranjero.

Por diversos que hayan sido mis vínculos organizativos y mis intereses —y, por ende, también los temas de mis trabajos, mis ponencias y gran parte de mi obra—, siempre he procurado, con mayor o menor éxito, tejer hilos conductores y canalizar mi energía en direcciones concretas. Así, cumplí siempre con mi labor en el Comité Nacional del Partido Comunista, como copresidenta de la Alianza Nacional contra la Represión Racista y Política y como responsable del órgano ejecutivo del Congreso Político Nacional de Mujeres Negras y de la Iniciativa Nacional para la Salud de las Mujeres Negras. Las ponencias y los artículos que componen este volumen reflejan —directa o indirectamente— mi grado de implicación en todas estas iniciativas.

Muchas de las conferencias recogidas en estas páginas se pronunciaron en distintos campus universitarios. Nunca ha dejado de asombrarme el gran número de estudiantes y vecinos que asistían cada vez y me trasladaban su apoyo. Durante los primeros compases de mi carrera como conferenciante, en especial tras mi absolución de la condena que antes he mencionado, pude comprobar hasta qué punto la cobertura mediática de mi caso, sumada a la influencia del movimiento de masas que exigía mi libertad, desempeñaron un papel crucial a la hora de convocar a un público tan nutrido en torno a mis ponencias. Muchos de los oyentes que acudieron aquellos días se sentían muy vinculados a una época y unas personas que —como era mi caso— simbolizábamos la rampante represión política de aquel periodo histórico. En cualquier caso, yo daba por hecho que, con el correr de los años (y la inevitable evaporación de mi imagen mediática), el personaje público que era se acabaría convirtiendo en una antigualla para las generaciones venideras.

Cuál no sería mi sorpresa al comprobar que los universitarios, al igual que otros muchos jóvenes de nuestras comunidades —sean mujeres u hombres, estudiantes o trabajadores, personas de todo origen racial, inermes ya a mi marchita imagen de antaño— aún se sienten interpelados por las ideas progresistas propias de las distintas campañas en las que he trabajado. Hace apenas unos años, los militantes de los círculos políticos progresistas señalaron con acierto la creciente pujanza del activismo universitario, que venía a sumarse al renovado vigor del obrerismo. Pues bien, mi experiencia confirmó de lleno tal pronóstico, hasta el punto de que hoy, a finales de los ochenta,[1] estudiantes y trabajadores se organizan y se manifiestan de nuevo contra las medidas racistas que vivimos en nuestra nación, se oponen a la connivencia de Estados Unidos con el *apartheid* y condenan la intervención militar en Centroamérica. Si mi labor de las últimas dos décadas ha conseguido aportar algún granito de arena a despertar y alimentar este nuevo activismo, mis fatigas habrán valido la pena.

1 La edición original en inglés de esta obra se publicó en 1989. *(N. del T.)*.

Mujeres en lucha por la paz y la igualdad

¡LEVANTÉMONOS LAS UNAS A LAS OTRAS! PROPUESTAS RADICALES PARA EL EMPODERAMIENTO DE LAS MUJERES AFROAMERICANAS[2]

El concepto de empoderamiento no es ninguna novedad para las mujeres afroamericanas. Desde hace más de un siglo venimos movilizándonos en torno a organismos nacidos con la intención de promover estrategias colectivas capaces de allanar el camino hacia un poder económico y político que mejore nuestras vidas y la de nuestra gente. Durante la última década del siglo XIX, tras verse obligadas a soportar reiterados desplantes por parte del movimiento en favor de los derechos de la mujer —una coalición racialmente homogénea—, las mujeres negras decidieron fundar su propio Movimiento de Clubes. Así, en 1895 —apenas cinco años después de la puesta en marcha de la Federación General de Clubes Femeninos, responsable de consolidar un proyecto de esta índole que encarnaba las reivindicaciones propias de las mujeres blancas de clase media—, un centenar de mujeres negras

2 Discurso pronunciado en el congreso anual de la National Women's Studies Association [Asociación Nacional de Estudios sobre la Mujer], celebrado en el Spelman College de Atlanta, Georgia, el 25 de junio de 1987. El texto se publicó originalmente con el título «Radical Perspectives on Empowerment for Afro-American Women» [«Perspectivas radicales sobre el empoderamiento de las mujeres afroamericanas»] en la revista *Harvard Educational Review,* 25.3 (agosto de 1988).

procedentes de diez estados distintos se reunieron en la ciudad de Boston, bajo la tutela de Josephine St. Pierre Ruffin, con el fin de debatir la creación de una organización nacional de clubes de mujeres negras. En comparación con el proyecto fundado por sus homólogas blancas, las ideas planteadas por las mujeres afroamericanas responsables de instaurar este movimiento nacional de clubes articulaban principios de una índole más marcadamente política. En particular, definían la función principal de dichos clubes como una defensa tanto ideológica como militante de las mujeres —y hombres— de raza negra frente a los estragos del racismo. Durante aquella primera sesión, las participantes insistieron en que, a diferencia de la postura adoptada por sus hermanas blancas, cuyas políticas organizativas se hallaban seriamente contaminadas por el racismo, estas pioneras negras concebían su movimiento como un espacio abierto a todas las mujeres, sin distinción alguna:

> Nuestro movimiento en favor de las mujeres debe considerarse una iniciativa feminista, pues lo lideran y dirigen mujeres que velan por el bien de las mujeres, pero también de los hombres, es decir, que desean beneficiar a «toda» la humanidad, un concepto superior a cualquier facción o colectivo concreto. Con este objetivo, reclamamos la implicación proactiva de los hombres; además, no pretendemos trazar ninguna demarcación en términos de color. Somos mujeres, mujeres estadounidenses, tan hondamente comprometidas con cuanto nos concierne como el resto de mujeres estadounidenses. No pretendernos en modo alguno escindirnos ni situarnos al margen; tan solo aspiramos a dar un paso al frente, dispuestas a unirnos a proyectos semejantes —de donde quiera que vengan— y a acoger en nuestras filas a quienes deseen sumarse a nosotras.[3]

3 G. Lerner, *Black Women in White America,* Pantheon Books, Nueva York, 1972, p. 443.

Tan solo un año más tarde, la fundación de la Asociación Nacional de Clubes de Mujeres de Color se hacía realidad. Y el eslogan elegido para conmemorarlo fue el siguiente: «¡Levantémonos las unas a las otras!».[4]

A decir verdad, el movimiento feminista del siglo XIX también estaba manchado por el clasismo. No en vano, Susan B. Anthony se preguntaba por qué su acercamiento a las mujeres de clase obrera sobre la cuestión del voto femenino era acogido, tan a menudo, con indiferencia. La autora no comprendía cómo estas mujeres parecían mucho más preocupadas por mejorar su situación económica que por conquistar el derecho al voto.[5] Por crucial que resultara conseguir la igualdad política para lograr el éxito en la campaña más amplia en favor de los derechos de la mujer, daba la impresión de que, a los ojos de las mujeres afroamericanas y blancas de clase obrera, esa batalla no era sinónimo de emancipación. Que las estrategias de lucha entonces se basaran en la condición peculiar de las mujeres blancas de clases privilegiadas hacía que dichas estrategias discordasen de la idea de emancipación que albergaban las mujeres de la clase obrera. En este sentido, no resulta extraño que muchas de ellas espetaran a Anthony: «Las mujeres, lo que queremos es pan, no una papeleta».[6] Con el

4 Este tipo de clubes proliferaron sin cesar en la escena política progresista de la época. Tanto es así que, en 1916 —es decir, apenas veinte años más tarde—, unas cincuenta mil mujeres, procedentes de veintiocho federaciones distintas, y más de un millar de clubes estaban ya afiliados a la Asociación Nacional de Mujeres de Color. En relación con este tema, puede consultarse la detallada exposición de Paula Giddings acerca de los orígenes y la evolución del movimiento de mujeres negras en torno a dichos clubes, disponible en el libro *When and Where I Enter,* William Morrow, Nueva York, 1984, en particular los capítulos IV-VI.

5 M. Schneir (ed.), *Feminism: The Essential Historical Writings,* Vintage, Nueva York, 1972, pp. 138-142.

6 *Ibidem.*

tiempo, por supuesto, las mujeres blancas de clase trabajadora, al igual que las afroamericanas, fueron resignificando esa batalla y acabaron comprendiendo el voto no como un fin en sí mismo —es decir, no como la panacea que sanaría todos los males machistas—, sino más bien como un arma insoslayable en su permanente pugna por unos sueldos más altos, mejores condiciones laborales y el fin de los linchamientos (un temor omnipresente en aquella época).

Hoy, cuando reflexionamos sobre el proceso de emancipación de las mujeres afroamericanas, debemos reconocer que las estrategias más eficaces se siguen fundamentando en los principios sobre los que esas pioneras negras fundaron su movimiento de clubes. Pues también nosotras deberíamos esforzarnos por «auparnos mutuamente». Por decirlo de otro modo: debemos garantizar que nuestro ascenso social facilite asimismo el de nuestras hermanas, sea cual sea su clase social, e impulse al mismo tiempo a todos nuestros hermanos. En esto debería consistir la dinámica esencial que oriente nuestras ansias de poder, un principio que no solo debería determinar nuestras luchas en cuanto mujeres afroamericanas, sino que debe regir también cualquier emancipación de los desfavorecidos. De hecho, la pugna por la igualdad en un sentido más amplio mejoraría enormemente si se adoptase este principio.

Las mujeres afroamericanas aportamos al proyecto feminista una sólida tradición combativa en relación con asuntos que anclan políticamente a las mujeres con otras muchas causas progresistas de la máxima importancia. De ahí el valor del eslogan que da título a estas notas. El lema pretende reflejar los intereses y las aspiraciones, tan a menudo inconexos, de millones de mujeres (sea cual sea su raza). Pues hoy es inabarcable el número de mujeres que se movilizan para luchar por su puesto de trabajo, exigir unas condiciones dignas, reclamar unos salarios más altos o por acabar, al fin, con la violencia racista. Nos preocupa el cierre de las fábricas, el acceso a la vivienda y el mantenimiento de leyes represivas en materia migratoria. Como también nos preocupa la homofobia, el edadismo o la discriminación de los discapacitados. Nos preocupan Nicaragua y Sudáfrica. Y compartimos el sueño de nuestros hijos: conseguir que el mundo de mañana se libre de la amenaza de sufrir una hecatombe nuclear. Estas son algunas de las cuestiones que deberían formar parte de la lucha general en favor de los derechos de la mujer, sobre todo si aspiramos a implicarnos de lleno en la emancipación de todas las mujeres que la historia ha relegado al olvido. He aquí, pues, algunas de las cuestiones que habría que considerar si deseamos auparnos unas a otras.

Durante la última década, hemos asistido a un apasionante resurgimiento del feminismo. Si la primera oleada del movimiento feminista comenzó en la década de 1840, y la segunda brotó hacia 1960, en los últimos compases de la década de 1980 nos estamos acercando a la cresta de una tercera ola. Cuando las historiadoras feministas del siglo XXI intenten hacer balance de esta tercera etapa, ¿pasarán por alto las trascendentales contribuciones de las mujeres afroamericanas que supieron liderar y alimentar movimientos reservados a menudo a hermanas de color, pero cuyos logros dieron un notable impulso a la causa de las mujeres blancas? Cuando escriban sus relatos acerca de este periodo, ¿se seguirán apoyando en las ideas excluyentes del feminismo todavía dominante —desde el comienzo hasta hoy—, que a menudo han obligado a las mujeres afroamericanas a abandonar las filas de este movimiento para librar sus batallas en favor de la igualdad (con la omisión consiguiente de nuestros nombres en las listas de líderes y activistas más destacadas del movimiento feminista)? ¿Seguirán coexistiendo dos relatos tan distintos del movimiento feminista, uno visible y otro subterráneo, el primero públicamente admitido, y el segundo aún ignorado salvo por las mujeres de clase trabajadora —ya sean negras, latinas, nativas americanas, asiáticas o blancas— que forjaron esta tradición inadvertida? Mientras sigamos respondiendo con un sí a estas preguntas, la senda de la igualdad nos seguirá deparando muchas decepciones. El potencial revolucionario que encierra el feminismo seguirá sin hacerse realidad. Los defectos racistas propios de la primera y la segunda ola feminista los habrá heredado también la tercera.

Entonces, ¿cómo podemos garantizar la ruptura de este patrón histórico? Como defensoras y activistas en favor de los derechos de la mujer, debemos ponernos manos a la obra hasta lograr fusionar ese doble legado y forjar con él un único relato, un planteamiento que encarne sólidamente las aspiraciones de todas las mujeres de nuestra sociedad. Para ello, debemos poner en marcha un movimiento feminista revolucionario y multirracial que aborde seriamente los principales problemas que afectan a nuestras hermanas pobres y de clase trabajadora. Para aprovechar al máximo el potencial de dicho movimiento, debemos desarrollar aún más los sectores del movimiento que hacen frente a los problemas que afectan a las mujeres desfavorecidas y de clase obrera. Nos referimos a asuntos como el empleo, la equiparación salarial, las bajas remuneradas por maternidad, la implantación de guarderías gratuitas —financiadas con los fondos del Gobierno federal—, la protección contra los abusos de la esterilización y el derecho a abortar sin coste alguno. Un enfoque de esta índole redundaría en beneficio de todas las mujeres, sea cual sea su raza o clase social.

Durante décadas, las activistas blancas no han dejado de quejarse del escaso apoyo que reciben sus proclamas por parte de las mujeres de color. «Nosotras las invitamos a todas nuestras reuniones, pero ellas nunca acuden. [...] Les pedimos que se sumen a las manifestaciones, pero se quedan en casa. [...] Parece que los estudios acerca de la mujer no les interesan».

No podemos dar comienzo al proceso del que hablamos aumentando, simplemente, los esfuerzos por atraer a las mujeres latinas (o afroamericanas o asiáticas o nativas americanas) hacia formas preexistentes de movilización dominadas por mujeres blancas de las clases más privilegiadas. En vez de ello, incluyamos en nuestra agenda las preocupaciones concretas de las mujeres de color.

Una cuestión que inquieta especialmente a las mujeres afroamericanas es el desempleo. De hecho, el requisito más básico para alcanzar la emancipación es poder ganarse la vida dignamente. En su día, el Gobierno de Reagan se jactaba, en un alarde de audacia, de haber logrado frenar el nivel de desempleo hasta dejarlo en (¡solo!) siete millones y medio de parados. Semejantes logros se cacareaban durante un periodo en el que los negros tenían, en general, el doble de probabilidades de quedarse sin trabajo que los blancos, por no hablar de los adolescentes negros, cuya probabilidad era tres veces más alta que para los blancos.[7] Conviene recordar que estas cifras no incluyen los millones de personas que tienen empleos a tiempo parcial, aunque anhelen y necesiten un trabajo a tiempo completo. Muchas de estas personas subempleadas son mujeres. Por si fuera poco, las

7 Children's Defense Fund [Fondo para la Defensa de los Niños], *Black and White Children in America: Key Facts*, Washington, 1985, pp. 21-22.

cifras anteriores tampoco incluyen a quienes, víctimas de una frustración insuperable, han dejado de buscar empleo, ni a los ciudadanos que han agotado el subsidio de paro, ni a la gente que jamás ha conseguido acceder al mercado laboral. Por supuesto, las mujeres que reciben asistencia social tampoco forman parte del recuento.

Al mismo tiempo que la administración Reagan se afanaba por vendernos su exitosa gestión —o eso era lo que decían— en relación con el paro, la AFL-CIO (Federación Estadounidense del Trabajo y Congreso de Organizaciones Industriales) calculaba que dieciocho millones de personas en edad de trabajar carecían de empleo. Estos niveles, tan importantes, de paro —falseados y manipulados por la administración Reagan— son los principales responsables de la situación de empobrecimiento que afecta a las mujeres afroamericanas, una situación todavía más alarmante si advertimos que, además, estas mujeres —y los hijos a su cargo— son el sector demográfico que más rápido crece entre los cuatro millones de personas sin hogar que viven hoy en Estados Unidos. A la vista de estos datos, para poder entablar un debate riguroso sobre la emancipación, antes habría que reparar las penurias de esas personas sin hogar con un entusiasmo tan sincero como el que demostramos para hablar de otras cuestiones que parecen afectarnos más de lleno.

La Organización de las Naciones Unidas declaró 1987 el «Año de la vivienda para las personas sin hogar». Aunque eran los países en vías de desarrollo quienes encarnaban el objetivo inicial de la resolución al lanzarse el mensaje, con el tiempo quedó claro que, con respecto a este asunto, Estados Unidos debía considerarse también un «país subdesarrollado». No en vano, dos tercios de los cuatro millones de estadounidenses sin hogar corresponden a familias enteras, un 40% de las cuales son afroamericanas.[8] En algunas zonas urbanas, hasta el 70% de las personas sin hogar son de raza negra. En la ciudad de Nueva York, por ejemplo, el 60% de la población sin hogar es negra, el 20% latina y el 20% restante blanca.[9] En la actualidad, bajo la iniciativa del Programa de Incentivos Laborales de Nueva York, se recurre a mujeres y hombres sin hogar para trabajos como limpiar retretes, borrar pintadas de los vagones del metro o barrer los parques, todo ello por un salario de apenas sesenta y dos céntimos la hora (es decir, una fracción inferior al salario mínimo).[10] En otras palabras: se obliga a las personas sin hogar que esperan recibir algún tipo de ayuda a trabajar como mano de obra esclava para el Gobierno.

Las profesoras y las intelectuales negras no podemos permitirnos el lujo de mirar para otro lado ante el sufrimiento de nuestras hermanas, que viven a flor de piel unas formas de opresión que muchas de nosotras evitamos. La hoja de ruta hacia el empoderamiento no puede definirse de forma simplista en función de nuestros meros intereses de clase. Una vez más, debemos aprender a auparnos unas a otras.

Si aspiramos a mejorar la vida de nuestra comunidad mientras escalamos los peldaños de la emancipación, debemos estar dispuestas a plantar cara de forma organizada al agobiante clima de violencia racista que inunda nuestra tierra. No hace tanto, asistimos a un «arrebato racista» en el campus de uno de los centros educativos más liberales de nuestro país. Con el desenlace de las Series Mundiales de la liga de béisbol, los estudiantes blancos de la Universidad de

8 WREE-VIEW, 12. 1-2 (enero-abril de 1987).
9 *Ibidem.*
10 *Ibidem.*

Massachusetts (en Amherst), supuestos forofos de los Red Sox de Boston, descargaron su ira contra sus compañeros de raza negra, pues los tomaron por hinchas del equipo ganador, los Mets de Nueva York, debido al predominio de jugadores negros en la plantilla del conjunto neoyorquino. Así, cuando unas cuantas personas se pusieron a gritarle «puta negra» a una de las estudiantes, otro joven afroamericano corrió a defenderla, un acto de valentía por el que resultó herido y debió ser trasladado inconsciente al hospital. Otro de los muchos casos dramáticos de acoso racista que se produjeron en los campus universitarios durante este periodo fue la quema de una cruz frente al Centro Cultural de Estudiantes Negros asociado a la Universidad de Purdue.[11] En diciembre de 1986, Michael Griffith, un joven de raza negra, perdió la vida como consecuencia de unos atentados que cabría calificar de linchamiento cometidos por una pandilla de jóvenes blancos en la barriada neoyorquina de Howard Beach. Al mismo tiempo, en las inmediaciones de Atlanta, un grupo de manifestantes en favor de los derechos civiles que conmemoraba el nacimiento de Martin Luther King sufrieron el ataque

11 Desde que, en el verano de 1987, vio la luz el presente artículo, los episodios de violencia racial en los campus universitarios han aumentado de forma significativa. En concreto, «los expedientes asociados a conductas y actitudes racistas registrados en las facultades y los campus universitarios de Estados Unidos no han parado de crecer a un ritmo vertiginoso en los últimos años; tanto es así que, de un tiempo a esta parte, esta clase de agresiones se producen casi a diario» (la cita procede de «Racism, A Stain on Ivory Towers», artículo publicado en *The Boston Sunday Globe* el 28 de febrero de 1988, p. 1). Frente a estos incidentes, los estudiantes no han dejado de movilizarse con el fin de sanear el ambiente que hay en sus campus. Sin ir más lejos, en marzo de 1988, una coalición estudiantil multirracial, compuesta por alumnado local e internacional, se manifestó en el Hampshire College de Amherst, Massachusetts, dispuesta a dar un golpe sobre la mesa, llegando al punto de ocupar las instalaciones universitarias y exigir la adopción de medidas concretas.

de una banda de indeseables dirigida por el Ku Klux Klan. Un caso especialmente flagrante —que ilustra la condescendencia de nuestro Gobierno con la violencia racista— se dio con la absolución de los cargos que pesaban contra Bernhard Goetz, el cual, según sus propias palabras, había intentado matar a cuatro jóvenes negros en el metro de Nueva York simplemente porque «se sentía amenazado por su presencia».

Las mujeres negras llevamos ya mucho tiempo movilizándonos para hacer frente a la violencia racista. En el siglo XIX, por ejemplo, vio la luz el llamado Club de Mujeres Negras, una iniciativa emprendida en gran medida como respuesta a la sucesión de linchamientos registrados durante aquella época. Lideresas como Ida B. Wells y Mary Church Terrell proclamaron que las mujeres negras no podríamos avanzar hacia el empoderamiento sin hacer antes añicos las bases legales que permitían los linchamientos en nuestro país. Hoy, de un modo semejante, las mujeres afroamericanas debemos tomar las riendas contra este clima racista, tal y como hicieron nuestras antepasadas hace casi un siglo. ¡Debemos auparnos las unas a las otras! Al igual que nuestras predecesoras supieron organizarse para sacar adelante una ley federal contra aquellos linchamientos —de hecho, si se sumaron a la causa del sufragio femenino fue ante todo para lograr que esa ley se promulgara—, nosotras tenemos hoy el deber de imitarlas y esforzarnos por imponer leyes que declaren el racismo y el antisemitismo delito de odio. Por mucho que, en ocasiones, se airee alguna agresión racista, son muchos más los delitos de esta clase que pasan sin dejar rastro, ya que las fuerzas del orden no los clasifican como corresponde. Así, los tipejos que pintarrajean esvásticas o pintan «KKK» en nuestros bloques de pisos se enfrentan a meras faltas —rara vez a serios cargos penales— por ensuciar un inmueble o causar daños contra la propiedad. Recientemente, un miembro del Ku Klux Klan quemó una cruz ante la puerta de un hogar de raza negra y solo se le acusó de «quema no autorizada». Necesitamos contar con leyes federales y locales que terminen con semejantes actos de violencia racista y antisemita. Debemos movilizarnos, presionar y manifestarnos hasta alcanzar nuestra meta.

Además, cuando hagamos todo esto con el fin de erradicar la violencia racista, las mujeres de color debemos estar dispuestas a apelar al sentimiento de unidad multirracial del que hicieron gala nuestras madres y abuelas. Como ellas, también nosotras debemos proclamar: las fronteras del color de la piel nos son ajenas. La única demarcación a la que debemos atenernos es la referente a la convicción política. Pues sabemos que la emancipación de las mujeres de nuestro país nunca se conseguirá si no paramos los pies a los racistas. Al fin y al cabo, no es casualidad que la violencia machista —en concreto, los atentados terroristas perpetrados en clínicas abortistas— haya alcanzado su punto más alto en el mismo periodo en que la violencia racista aumentaba de forma dramática. En el fondo, los ataques violentos contra los derechos reproductivos de las mujeres se nutren de estos brotes de racismo. Por supuesto, los furibundos ataques contra el colectivo homosexual forman parte de esta misma dinámica amenazadora. Y es que las raíces del machismo y la homofobia anidan en las mismas instituciones económicas y políticas que sirven de base al racismo en nuestro país. La mayoría de las veces, los mismos círculos extremistas que ejercen la violencia sobre las personas de color son los responsables de otras agresiones motivadas por prejuicios sexistas y homófobos. Nuestro activismo político debería tener muy claros tales vínculos.

Así pues, tendríamos que intentar siempre auparnos unas a otras. Otro punto urgente de nuestra agenda política —no solo afroamericana, sino la de todas las mujeres progresistas— debería ser derogar la ley Simpson-Rodino. Como ustedes ya sabrán, nos referimos a una legislación marcadamente racista que blanquea la represión, para desgracia de un gran número de personas migrantes e indocumentadas que viven en nuestro país. Disfrazada como un supuesto programa de amnistía, las restricciones que esta ley impone en materia de elegibilidad son tan numerosas que cientos de miles de personas corren el riesgo de ser procesadas y deportadas con fundamento legal. Por si esto fuera poco, la amnistía en tales casos queda restringida a quienes llegaron a nuestro país antes de 1982. Por tanto, los muchísimos mexicanos que han cruzado hace poco la frontera en un intento de huir del intenso empobrecimiento provocado por la deslocalización de empresas estadounidenses hacia sus países de origen no pueden acogerse a esa amnistía. Lo mismo sucede con los salvadoreños y otros centroamericanos que llegan a nuestra tierra escapando de la persecución política que padecen en sus países de origen. Debemos organizarnos, presionar y manifestarnos hasta echar por tierra la ley Simpson-Rodino.[12] ¡Aupémonos mutuamente!

Cada vez que nosotras, las mujeres afroamericanas, las mujeres de color, subimos otro peldaño hacia la emancipación, empoderamos también a nuestros hermanos negros, a nuestras hermanas blancas y toda a nuestra gente de las clases subalternas, por no hablar de todas las mujeres que sufren las consecuencias del machismo. Nuestra agenda militante debe acoger en su seno una amplia gama de reivindicaciones.

12 Por desgracia, el proyecto de ley Simpson-Rodino se promulgó finalmente el 6 de noviembre de 1987, al tiempo que la imposición efectiva de sanciones sobre los empleadores dio comienzo el 1 de junio de 1988.

Exijamos nuevos puestos de trabajo, reclamemos la sindicación de las trabajadoras en situación aislada y presionemos, de paso, para que los sindicatos asuman —les guste o no— la defensa de derechos como la discriminación positiva, la igualdad salarial, los permisos remunerados por maternidad y la lucha contra el acoso sexual en el trabajo. No olvidemos, además, el alarmante número de mujeres negras y latinas que hoy son víctimas del sida; exijamos para ellas financiación de emergencia que respalde los proyectos de investigación. Al mismo tiempo, opongámonos de plano a cualquier iniciativa destinada a imponer pruebas obligatorias en relación con el sida —y sus correspondientes cuarentenas—, al igual que a las manipulaciones homófobas que afectan a esta crisis. Sin duda, necesitamos estrategias eficaces que ayuden a reducir el número de embarazos de chicas adolescentes, pero esto no significa que debamos sucumbir a intentos propagandísticos que lo único que buscan es culpar a estas jóvenes madres por el empobrecimiento generalizado de nuestra comunidad.

Ahora que hemos superado los tiempos de Reagan, debería quedar claro hasta qué punto ciertas fuerzas de nuestra sociedad sacan enorme provecho de la persistente y cada vez más profunda opresión de las mujeres. Entre los miembros de la administración Reagan, se encuentran partidarios de los planteamientos más racistas, antiobreros y machistas propios del capitalismo monopolista contemporáneo. Estas corporaciones se empeñan todavía en respaldar el *apartheid* en Sudáfrica y sacan buena tajada de la fiebre armamentista mientras cultivan las actitudes más burdas e irracionales de antisovietismo —basado en tópicos como el «imperio del mal», una imagen popularizada por Reagan para justificar sus sanguinarios designios—. Si estamos dispuestas a adoptar una auténtica postura revolucionaria —si realmente queremos ser radicales en nuestra búsqueda del cambio—, entonces debemos arrancar de raíz estas formas de opresión. Al fin y al cabo, la palabra «radical» significa justo eso: «llegar hasta la raíz de las cosas». Nuestra agenda para la emancipación de la mujer debe ser, por tanto, inequívoca a la hora de socavar el capitalismo explotador como principal obstáculo para alcanzar la igualdad.

Para concluir, me gustaría sugerir que anclemos nuestra estructura, nuestros mecanismos electorales más básicos de participación política y nuestro compromiso como activistas en las luchas de masas a un objetivo más a largo plazo: transformar a fondo las condiciones socioeconómicas que generan y alimentan sin cesar las diversas formas de opresión. Aprendamos de las estrategias adoptadas por nuestras hermanas de Nicaragua y Sudáfrica. Como mujeres afroamericanas, como mujeres de color en un sentido más amplio, o como las mujeres progresistas que somos (con independencia de nuestro origen racial), unámonos al resto de hermanas y hermanos de todo el mundo para forjar un nuevo orden socialista, un orden capaz de refundar las prioridades socioeconómicas e impedir que el lucro monetario prevalezca sobre los auténticos intereses de los seres humanos. Sin duda, nuestros problemas no desaparecerán como por arte de magia con la llegada del socialismo. Pero este orden social nos dará la oportunidad de ampliar aún más nuestras luchas y confiar en que, algún día, podamos considerar los aspectos más elementales de nuestra opresión un vestigio inútil del pasado.

UN ENEMIGO COMÚN: MUJERES EN LUCHA CONTRA EL RACISMO[13]

El día que recibí vuestra invitación para participar en esta conferencia, millares de activistas trabajaban con ahínco en la campaña electoral con el fin de derrotar a Ronald Reagan para las presidenciales y echar por tierra su anhelo de lograr un segundo mandato. Por desgracia, muchos opositores de Reagan vivimos algo impensable: ver cómo el entusiasmo preelectoral daba paso a la impotencia y la desesperación. Sin embargo —precisamente por ello—, quisiera sugerir algo. Y es que, por turbio que nos pueda parecer el panorama actual en nuestro país, la derrota no es definitiva. Al contrario de lo que popularmente se cree, las elecciones de 1984 no expresaron una marcada tendencia hacia el conservadurismo entre los votantes. No se produjo ningún volantazo a la derecha en el seno del Congreso, pues —por paradójico que suene— muchos de los ciudadanos que votaron a Reagan también votaron a congresistas demócratas. Esta ambigüedad en las decisiones del electorado se tradujo, además, en

13 Discurso pronunciado el 15 de noviembre de 1984 con ocasión de una conferencia dedicada a «Las mujeres y su lucha contra el racismo», promovida por la Coalición de Mujeres Maltratadas de Minnesota.

que ciertas regiones donde Reagan obtuvo la mayoría de los votos, poco después, aprobaron iniciativas progresistas sobre asuntos como la paz o el empleo.

¿Cuál fue, entonces, la tónica subyacente a dichas elecciones? Por un lado, está claro que muchísimas personas cayeron en una trampa, pues acabaron votando en abierta oposición a sus verdaderos intereses. Por ejemplo, que los negros votaran de un modo tan inequívoco contra el presidente Reagan —en concreto, más del 90% eligieron esta opción— revela que, como grupo, los afroamericanos son los menos ingenuos sobre el rumbo que debería tomar el país. No hubo lugar para la confusión en la comunidad negra. Del mismo modo, tampoco hubo indecisión en la Coalición Arcoíris acerca de las cuestiones que debíamos abordar: empleo, discriminación positiva, reducción del gasto militar, etcétera. Por otra parte, el movimiento orquestado en torno a la candidatura del reverendo Jesse Jackson fue también el más avanzado en términos estratégicos, pues pretendía forjar una alianza funcional que englobara las luchas del movimiento obrero, los afroamericanos y otros grupos raciales desfavorecidos, junto con las reivindicaciones de los movimientos feminista y pacifista.[14]

14 La campaña encabezada por Jackson en 1988 materializaba las ideas que este había desplegado en 1984 y suscitó un impresionante grado de adhesión por parte de la comunidad negra, el movimiento obrero y las personas y organizaciones blancas progresistas procedentes de todos los rincones del país. Durante las primarias demócratas celebradas aquel año, Jackson recabó casi siete millones de votos, lo que le granjeó hasta doce delegados, unas cifras que lo auparon hasta la segunda posición de la contienda, una reñida carrera que se acabaría saldando con la victoria de Michael Dukakis. A decir verdad, la campaña desarrollada por Jackson fue el hito más memorable de todo el periodo preconvencional, pues puso de manifiesto que un ciudadano negro podía ser, perfectamente, un firme candidato a presidir el país y, de paso, demostró que era posible forjar la clase de alianzas proyectadas durante la campaña anterior.

Con demasiada frecuencia se asume que los blancos solo están obligados a admitir el liderazgo de los negros cuando lo que está en juego es la igualdad de los afroamericanos, al igual que aceptamos demasiado a menudo la idea de que los chicanos, puertorriqueños, nativos americanos y asiáticos del Pacífico están cualificados para hablar tan solo en nombre de su pueblo y no tienen mucho que decirnos sobre las condiciones de la sociedad y la humanidad en un sentido amplio. Tenemos la obligación de lograr que esos sectores del feminismo que encarnan en gran medida las aspiraciones del electorado blanco de clase media rechacen estos supuestos erróneos. Con demasiada frecuencia —tanto histórica como actualmente— las lideresas blancas del feminismo suponen que, cuando las mujeres negras alzamos la voz para denunciar la triple opresión que sufrimos, nuestro mensaje tiene, en el mejor de los casos, una relevancia marginal en comparación con las experiencias de las blancas. Esto se debe a que asumen falsamente que los problemas que afectan a las mujeres pueden abordarse sin prestar atención a las dificultades de la población negra o del movimiento obrero. Sus teorías y su práctica presuponen demasiadas veces que el combate más puro y efectivo contra el machismo es el que está despojado por completo de cualquier elemento de índole racial o económica —¡como si cupiera hablar de una especie de feminidad abstracta que padeciera un sexismo sin matices y pudiera rebelarse al margen de todo contexto histórico!—. En el fondo, un enfoque tan abstracto da lugar a una actitud muy precisa: que las mujeres blancas de clase media que sufren las actitudes y las conductas machistas de los varones blancos de su misma clase exijan un trato de igualdad únicamente a estos hombres. Lo malo de esta postura es que no cuestiona ni por un momento las bases socioeconómicas, incluida su esencial vinculación con un montón de ideas racistas y sesgos de clase.

Es muy posible que las mujeres blancas —en especial las más acomodadas o las de clase media— consigan sus objetivos sin que ello las obligue a asegurar también un progreso ostensible para sus otras hermanas racialmente oprimidas y de clase trabajadora. Así se explica que, en respuesta a la nominación de Geraldine Ferraro como candidata demócrata a la vicepresidencia, Reagan se mofara, de manera oportunista, al pronosticar que la primera presidenta que tuviera este país sería republicana, no demócrata. Cualquier feminista que se tragase esto cometería un terrible error. Después de todo, no debemos pasar por alto que la primera jueza que ha presidido el Tribunal Supremo, Sandra Day O'Connor —designada por Reagan—, se ha opuesto al derecho al aborto y ha adoptado otras posturas claramente dañinas para las mujeres, en un permanente acuerdo con las opiniones del bando conservador con respecto a todas las cuestiones debatidas en ese tribunal.

A la vista de casos como este, no estaría de más hacerse algunas preguntas sobre el racismo inherente a los partidarios (*a priori,* feministas) de figuras como Geraldine Ferraro. Estas personas, ¿serían capaces de admitir, por ejemplo, que el movimiento de masas espoleado por una candidatura como la de Jesse Jackson en 1984 resultó determinante para que una mujer se postulara más tarde, por primera vez en la historia de nuestro país, a un puesto tan alto en las instituciones? Solo después de que Jackson prometiera que, si ganaba las primarias demócratas para las presidenciales, nombraría a una mujer como su mano derecha se entabló de verdad, en los círculos políticos de la nación, un debate serio y animado sobre el valor de la igualdad política entre hombres y mujeres. ¿Cómo se explica, entonces, que este asunto fuera prácticamente ignorado tanto por la Organización Nacional de Mujeres como por el Grupo Político Nacional de Mujeres? ¿Y por qué motivo, cuando Mondale —que aún no contemplaba ni por asomo la posibilidad de contar con una compañera de candidatura— recibió la entusiasta acogida de estas organizaciones, Jesse Jackson ni siquiera fue invitado a hablar en ellas? ¿Y por qué motivo, cuando Mondale reveló que se planteaba contar con una mujer para el mencionado puesto, ninguna organización le sugirió entrevistar a una mujer negra junto con el resto de mujeres blancas que le proponían? Este desprecio (de raigambre racista) por parte de esas dos importantes organizaciones femeninas habría sido, tal vez, menos notorio de no ser por el rico y perdurable legado en materia de liderazgo político que atesoran las mujeres negras de nuestro país. Así, sin ir más lejos, Shirley Chisholm se convirtió hace poco en la primera mujer en presentarse candidata a presidir el Partido Demócrata. En 1968, Charlene Mitchell, ciudadana negra originaria de Harlem, fue incluida en las listas del Partido Comunista para las presidenciales y dieciséis años antes, en 1952, una mujer negra de Los Ángeles llamada Charlotta Bass se presentó como candidata a la vicepresidencia por el Partido Progresista. Por lo que a mí respecta, en 1980 y en 1984 fui candidata a la vicepresidencia en las filas del Partido Comunista.

Es sabido que, desde hace muchos años, designar a mujeres para la candidatura presidencial se ha vuelto una tradición en la comunidad progresista. No olvidemos que el Partido Socialista fue el primer partido político que abogó por el sufragio femenino. Además, el socialista de raza negra W. E. B. DuBois, que acabó afiliándose tiempo después al

Partido Comunista, fue la voz masculina más favorable a conceder el derecho al voto a las mujeres durante la campaña sufragista de 1920.

A raíz de la designación de Geraldine Ferraro como candidata demócrata a la vicepresidencia, cada vez más activistas de la Coalición Arcoíris, un colectivo que había ocupado un lugar destacado dentro de la Convención Demócrata, empezaron a adornar su ropa con insignias que mostraban el eslogan «Jesse abrió la puerta; Ferraro la atravesó». Sin embargo, ¿cuántas de las feministas partidarias de Ferraro admitieron o, al menos, fueron conscientes de lo mucho que la osadía demostrada por Jackson durante su campaña había facilitado el posterior ascenso de Ferraro? Como vemos, de aquí se puede extraer una valiosa lección: no es la primera vez que el racismo oscurece el papel desempeñado por el movimiento de liberación negro en la promoción de los derechos y las libertades democráticos de la mayoría blanca —tanto de las mujeres como de los hombres—. Por desgracia, aún son demasiado pocas las feministas blancas que se han librado con éxito de tan pernicioso influjo.

Aunque las mujeres negras vimos con buenos ojos el nombramiento de Geraldine Ferraro y supimos captar el valor histórico de la candidatura, no por ello asumimos de manera acrítica que esta última encarnara los intereses de todas las mujeres. Antes bien, nos llevó a admitir la apremiante necesidad de contar con nuestro propio órgano representativo, lo que empujó a muchas mujeres afroamericanas a fundar, antes de que concluyera la Convención Demócrata, una nueva organización denominada Congreso Político Nacional de Mujeres Negras, bajo el liderazgo de Shirley Chisholm. «Tradicionalmente, las mujeres negras nos hemos organizado por medio de coaliciones», señaló Chisholm.

> Siempre nos hemos sentido, de algún modo, irrelevantes. Ni el movimiento negro ni el proyecto feminista de este país han abordado aún los problemas políticos propios de las ciudadanas negras.

Así, por grande que fuera su entusiasmo ante la inclusión, por primera vez en la historia, de una candidata a la vicepresidencia dentro de las listas de un partido mayoritario, ¿cuántas feministas blancas siguieron sin enterarse de que sus hermanas negras siempre habían sido excluidas de los procesos políticos? Si en 1851 había sido necesario que Sojourner Truth lamentara: «¿Acaso no soy mujer?», todavía hoy las mujeres negras nos vemos obligadas a denunciar la invisibilidad a la que nos abocan, tanto en la teoría como en la práctica, amplios sectores del feminismo dominante.

Vivimos en una época marcada por la profunda crisis global del capitalismo monopolista; una época atravesada por el creciente riesgo de sufrir una debacle nuclear y por las amenazas de invasión estadounidense en Centroamérica. Asistimos a un periodo en el que la amenaza del fascismo entraña peligros sin precedentes. El feminismo no puede permitirse el lujo de repetir los errores del siglo pasado; ni tan siquiera los de la última década. Debemos reflexionar de inmediato sobre nuestras negligencias y meteduras de pata —en especial, sobre aquellas asociadas al racismo— y actuar para rectificarlas.

Por poner un ejemplo, durante el debate preelectoral relativo a la «brecha de género», no se prestó la debida atención al impacto potencial de la raza y la clase social en las mujeres votantes. Así, aunque se pronosticaba que el porcentaje de mujeres que apoyarían a Reagan sería entre un 10% y un 15% inferior al de los hombres, esta diferencia se redujo finalmente a un 4%. En otras palabras: un 61% de los hombres y un 57% de las mujeres que votaron en aquellas elecciones se decantaron por Reagan como presidente de Estados Unidos. Los analistas encargados de estudiar los comicios de 1984 habían pronosticado que las ciudadanas votarían en masa contra Reagan como respuesta directa al grave deterioro de la situación económica de las mujeres durante su primer mandato. De hecho, una encuesta conjunta realizada en junio de 1983 por la CBS y *The New York Times* reveló que solo el 39% de las mujeres —frente al 60% de los hombres— aprobaban la gestión económica de Reagan. Esta «brecha de género» del 21% se interpretó como un reflejo del proceso conocido como «feminización de la pobreza».

Aunque la tasa general de pobreza de las mujeres va en aumento, no todas nos hemos visto afectadas en el mismo grado por esta dinámica. Así, dos de cada tres adultos pobres son mujeres, y uno de cada cinco niños vive en condiciones de pobreza. Las mujeres son cabeza de familia en la mitad de los hogares pobres, y más de la mitad de los niños criados solo por mujeres viven en la miseria. Pero hay más: el 68% de los niños negros y latinos criados en hogares a cargo únicamente de mujeres son pobres. Entre las mujeres negras mayores de sesenta y cinco años que viven solas, la tasa de pobreza alcanza el 82%. Sin embargo, aunque es obvio que la pobreza es un lastre que soportan de un modo más agobiante las mujeres de color, buena parte del debate público en torno a la «feminización de la pobreza» se ha centrado en las llamadas «pobres de nuevo cuño», esto es, en las mujeres blancas de clase media cuya precariedad es el resultado de rupturas conyugales y divorcios. De este modo, de acuerdo con un patrón marcadamente racista, el fenómeno de la pobreza no se reconoció como un problema legítimo de todas las mujeres hasta que empezó a afectar a ciertas mujeres blancas que gozaban, no hace tanto, de una situación acomodada. Pero lo cierto es que las mujeres negras llevamos padeciendo la dura realidad de la carestía económica desde la época de la esclavitud. Asimismo, las nativas americanas, las chicanas y las puertorriqueñas han sufrido la pobreza en una proporción que supera con creces la de sus hermanas blancas. Las repercusiones de las políticas económicas implantadas por la administración Reagan sobre los trabajadores han sido especialmente devastadoras para las mujeres de color. De hecho, las mujeres que se han visto obligadas a aprender de un modo más directo —y agobiante—lo que significa querer salir adelante en una sociedad cuyas prioridades se establecen en función de los beneficios empresariales son, de hecho, las mujeres afroamericanas y todas sus hermanas de color.

No debemos permitir que el concepto «pobreza feminizada» oculte hasta qué punto la comunidad negra ha sufrido los reveses económicos de los caprichos internos del Gobierno de Reagan. Las políticas presupuestarias y fiscales del Gobierno han provocado un descenso de los ingresos y del nivel de vida del hogar negro promedio en prácticamente todos los estratos. En 1983, casi el 36% de las personas negras vivían en la pobreza, lo que supone el porcentaje más alto jamás registrado desde que la Oficina del Censo empezó a recopilar datos sobre la pobreza de la población negra en 1966. De hecho, en el trienio comprendido entre 1980 y 1983, 1,3 millones de personas negras pasaron a engrosar las filas de la ciudadanía oficialmente pobre. Y, si bien actualmente la tasa de desempleo entre las personas blancas ha caído en comparación con la registrada cuando Reagan inició su mandato —o eso indican, al menos, los datos del Gobierno—, el porcentaje de negros sin empleo se ha incrementado, pasando del 14,4% al 16% desde que Reagan tomó posesión del cargo en 1981. Por si esto fuera poco, la brecha racial que afecta al desempleo ha aumentado también de manera generalizada: entre hombres blancos y negros, entre mujeres blancas y negras, y entre jóvenes blancos y negros.

George Gilder, uno de los principales ideólogos del reaganismo, se atreve a asegurar, en el libro *Riqueza y pobreza,* que las mujeres negras somos responsables, en buena medida, del empobrecimiento de la comunidad negra. Es más, Gilder cuestiona que seamos objeto de esta doble discriminación, pues argumenta que «[existen] pocas pruebas de que las mujeres negras sufran discriminación alguna, y mucho menos por partida doble».[15] El autor rescata el mito del matriarcado negro y se atreve a sugerir que las mujeres negras estamos intelectual y profesionalmente más avanzadas que nuestros homólogos masculinos. Por si esto fuera poco, Gilder ahonda en su falacia al esgrimir que nuestras prestaciones nos permiten gozar de un acceso privilegiado al dinero, del que al parecer los hombres negros carecen.

> No hay nada más destructivo para [...] los valores masculinos —como son la confianza y la autoridad, que determinan nuestra virilidad y nos granjean el respeto de esposas e hijos— que la creciente impresión de que, en el fondo, una mujer se las apaña mejor sin los hombres. El varón siente así una sensación cada vez más acuciante de que su rol de proveedor —la función masculina por antonomasia desde los remotos tiempos de la caza, pasando por la Revolución Industrial y llegando hasta la época contemporánea— le ha sido arrebatado por parte del Estado hasta dejarlo en fuera de juego.[16]

15 G. Gilder, *Wealth and Poverty,* Basic Books, Nueva York, 1981, p. 135; hay edición española: *Riqueza y pobreza,* C. A. Gómez (tr.), Instituto de Estudios Económicos, Madrid, 1984.

16 *Ibidem,* p. 115.

En nuestra cultura del bienestar, abunda Gilder,

> el dinero ha dejado de ser algo conquistado por los hombres mediante el trabajo duro para convertirse en un mero derecho conferido a las mujeres por el Estado. El lloriqueo y las quejas han desbancado a la disciplina o al tesón como fuentes de remuneración. Así, hoy los jóvenes se crían al amparo femenino mientras ellas buscan la hombría en los ambientes machistas del bar o de la esquina (poblados por tipos que encarnan la paternidad del modo más irresponsable).[17]

Gilder sostiene que los hombres criados por sus madres —mujeres que reciben prestaciones sociales— van dando tumbos «de una mujer a otra», lo que los convierte de manera indisociable en «beneficiarios y víctimas» del sistema de subsidios. En línea con esta idea, asegura que cientos de miles de hombres negros prefieren no casarse ni trabajar nunca, ya que pueden vivir de las ayudas que reciben las mujeres negras, algo que —según declara— se agrava por el hecho de que nuestro sistema de bienestar incita a las chicas negras a quedarse embarazadas antes de estar preparadas para formar una familia.

> El programa de Ayudas a las Familias con Hijos Dependientes (AFDC) [...] ofrece unos ingresos garantizados a cualquier pareja de Estados Unidos que esté dispuesta a romper su relación al día siguiente, o a cualquier cría adolescente mayor de dieciséis años que no tenga reparos en dar a luz un hijo ilegítimo.[18]

Si las prestaciones sociales fueran, de verdad, tan abundantes como las pintan los charlatanes como Gilder, satisfacer las

17 *Ibidem.*
18 *Ibidem*, p. 123.

necesidades primarias (las propias y las de los hijos) no constituiría una tarea tan ardua para las madres que reciben dichas ayudas. Las prestaciones que ofrecen órganos como el AFDC apenas resultan suficientes para reflotar a una madre y a sus hijos por encima del umbral de la pobreza, y mucho menos para mantener también a un hombre. Sin embargo, gracias a farsantes como Gilder, todavía cunde el mito de unas madres benefactoras que se funden el dinero de los contribuyentes (a los que tanto sudor les cuesta ganarlo) en Cadillacs y abrigos de piel. ¡Pero si sabemos bien lo dado que era Reagan a inventarse historias sobre supuestos fraudes relacionados con los subsidios sociales! En cierta ocasión llegó a decir lo siguiente:

> En Chicago vive una mujer [...] que utiliza hasta ocho nombres, treinta direcciones y doce tarjetas de la seguridad social distintas. [...] La señora dispone de seguro Medicaid, recibe cupones alimentarios y cobra todas las pagas sociales que le llegan para cada uno de sus alias. Gracias a estas triquiñuelas, se embolsa cada año hasta ciento cincuenta mil dólares libres de impuestos.[19]

El ejemplo al que Reagan aludía correspondía, en realidad, a un célebre caso de fraude cometido por una mujer de Chicago que había recurrido a cuatro seudónimos para estafar al Estado cerca de ocho mil dólares. Como vemos, aunque el delito existió, los importes defraudados estaban muy por debajo del nivel de ingresos necesario para llevar una vida desahogada en nuestro país. Reagan se inventó el bulo sencillamente para desacreditar ante la opinión pública a las personas —en especial, a las mujeres negras— que recibían algún tipo de prestación social.

19 *The New York Times*, 15 de febrero de 1976.

Actualmente, los voceros de los medios de comunicación atribuyen buena parte de la culpa por la pobreza sufrida en la comunidad negra a las madres solteras, y más concretamente a las adolescentes con hijos a su cargo. Como señala James McGhee en el informe elaborado por la Urban League sobre el «estado de la América negra» de 1984:

> Casi daría la impresión de que estos observadores ven en las familias negras al cuidado de mujeres una suerte de ley natural según la cual dichas cabezas de familia están abocadas de manera inexorable a llevar —con sus hijos— una vida de pobreza; un dictamen natural que no parece aplicarse al resto de gente negra ni a las demás mujeres.[20]

Los camelos pergeñados por los medios no deberían ofuscar nuestro criterio en relación con un hecho muy sencillo: las adolescentes negras no contribuyen al empobrecimiento por traer hijos al mundo. De hecho, ocurre lo contrario: si se quedan embarazadas a edades tan tempranas es precisamente porque son pobres; es decir, no tienen la oportunidad de recibir una buena educación, ni pueden acceder a empleos estables y bien remunerados ni disfrutar de formas de ocio edificantes. Es más, si estas chiquillas son madres a edades tan prematuras es porque carecen de métodos anticonceptivos seguros y eficaces.

Aunque, en la actualidad, el 42% de las familias negras se encuentran al cuidado exclusivo de mujeres, no por ello debemos asumir —como Gilder y compañía quieren hacernos creer— que prácticamente todas las madres negras sin pareja

20 J. McGhee, «A Profile of the Black Single Female-Headed Household», en *The State of Black America*, National Urban League, Nueva York, 1984, p. 43.

reciben algún tipo de subsidio. En 1980, dos de cada cinco madres solteras de raza negra tenían trabajo. Si tenemos en cuenta que casi un tercio de estas desempeñaban empleos subvencionados por el Gobierno federal, los recortes efectuados por Reagan en los programas de esta índole —sobre todo en los derivados de la Ley Integral de Empleo y Formación (CETA)— tuvieron un efecto devastador sobre la tasa de paro de este tipo de mujeres. Según un estudio realizado a partir de los análisis del mencionado McGhee, muchas madres solteras desempleadas pertenecientes a la comunidad negra no podían trabajar debido a que sufrían algún problema de salud o no contaban con guarderías a su alcance. En este sentido, recordemos que un trastorno como la hipertensión afecta al 43% de las madres solteras negras, y que el 13% de ellas padecen diabetes.

Si el feminismo pretende plantar cara a los retos actuales, entonces debemos otorgar la máxima prioridad a abordar los problemas específicos de aquellas mujeres que se encuentran oprimidas por motivos raciales. Durante las primeras fases del movimiento feminista contemporáneo, las cuestiones relativas a la emancipación de la mujer se interpretaban de un modo tan restringido que la mayoría de las mujeres blancas no entendían la importancia de defender a las mujeres negras frente a las agresiones (materiales e ideológicas) cometidas por nuestro Gobierno. Por aquel entonces, las mujeres blancas que sumaban fuerzas en ese proceso de concienciación no lograban comprender la relación existente entre el movimiento por los derechos sociales y la batalla más amplia por la emancipación de la mujer. Como tampoco captaban la importancia de socavar esa idea distorsionada que tacha a las mujeres negras de «matriarcas castradoras», una batalla que debería llamar en causa a todas las mujeres —sea cual sea su condición— que aspiren a emanciparse. Hoy, resulta imposible quitar importancia a los influjos racistas que empañan el feminismo, como tampoco debemos aferrarnos a la creencia de que las mujeres blancas nunca entenderán las tribulaciones de sus hermanas negras.

Ha dejado de ser válido que las ciudadanas blancas justifiquen sus fracasos del pasado a la hora de luchar junto a las mujeres negras con excusas tan endebles como: «Nosotras las invitamos a todas nuestras reuniones, pero ellas nunca aparecen. [...] Parece que los estudios acerca de la mujer no les interesan». A finales de los años sesenta (y con la llegada de los setenta), en los círculos emancipatorios feministas se oía con frecuencia que las mujeres negras, chicanas y puertorriqueñas no albergábamos un verdadero interés por los asuntos feministas debido a que nuestra conciencia del patriarcado no estaba a la altura de la cultivada por esas mujeres blancas que nutrían los procesos igualitaristas. Sin embargo, al articular su postura de esta forma, estaban explicitando el particular trasfondo —clasista y racista— de dicho punto de vista. En realidad, las mujeres de color —como también las mujeres blancas de clase trabajadora— sufrían los efectos del machismo de un modo distinto al de esas homólogas blancas afiliadas al movimiento de liberación y, por consiguiente, sentían que las dificultades de sus vecinas blancas de clase media no guardaban la menor relación con sus vidas.

Desde luego, es comprensible que los apuros económicos no sean tan fundamentales para las mujeres blancas de clase media como para esas otras cuyos hijos se verían abocados a una desnutrición irreparable si su madre se quedase en paro, perdiese el subsidio o dejara de recibir los vales para alimentos —una prestación que ya se había recortado con el Gobierno de Reagan—. La exigencia de nuevos empleos o la lucha contra el cierre de las fábricas y contra el desmantelamiento de los sindicatos son también luchas feministas. A pesar de que estas luchas apelen al movimiento obrero en su conjunto, las mujeres nos jugamos mucho en ellas, pues hemos sido las más perjudicadas —más aún si somos negras— por las políticas económicas de la administración Reagan.

Las mujeres con estudios o que ocupan puestos especializados deberían aprender a aceptar el liderazgo de aquellas otras implicadas de manera activa en el movimiento obrero. Así, sería conveniente que los grupos de mujeres no asociados de forma directa al obrerismo apoyaran a esas militantes que lideran los procesos huelguistas. Pensemos, por ejemplo, en las mujeres chicanas y nativas americanas que se declararon en huelga, junto con sus hermanos mineros, contra la empresa Phelps Dodge en Morenci, Arizona. O recordemos a Alberta Chávez, cabeza visible de la organización de mujeres mineras y esposas de mineros a la que se imputaron cargos penales por organizar un piquete y desafiar la autoridad policial. Durante su defensa, Chávez reclamó el apoyo de todas las mujeres de nuestro país.

Con el fin de cultivar una sólida presencia femenina en todas nuestras acciones contra el racismo, las mujeres debemos defender sin tapujos las medidas de discriminación positiva frente a ataques tan inmisericordes como los efectuados por el equipo de Reagan. Sea cual sea su origen racial o su estatus económico, las mujeres y los hombres debemos recordar que el movimiento de liberación negro puso encima de la mesa las medidas de acción afirmativa como una estrategia destinada a promover la lucha contra el racismo, una idea que fue adoptada más tarde por el feminismo para afianzar sus avances contra el machismo. No solo debemos defender las medidas de acción afirmativa con uñas y dientes, debemos ampliarlas —tanto en el trabajo como en la universidad— hasta lograr que todas las personas afectadas por cualquier forma de discriminación a manos de un Gobierno tan racista, machista y capitalista como el nuestro estén protegidas.

En particular, las mujeres de color necesitamos contar con un sistema de guarderías amplio y asequible, que debería financiarse con fondos federales, construirse sin un ápice de machismo o de racismo, y estar a disposición de todas las personas que lo necesiten. Y mientras alzamos la voz en favor de estas guarderías, llevemos también a cabo una campaña constante para sacar el racismo de nuestras escuelas públicas y exijamos implantar una educación bilingüe y gratuita para todos los niveles formativos.

No seamos tan ingenuas como para suponer que la solidaridad brotará automáticamente solo con reconocer que las mujeres de color somos las personas más oprimidas de nuestra sociedad. Sin duda, las mujeres blancas «deberían» sentirse llamadas en causa y unirse a nuestras luchas, pero si no conseguimos que comprendan de qué manera sus reivindicaciones se verían favorecidas por cada victoria de las mujeres de color, lo más previsible es que acaben cayendo en las trampas del racismo —aunque intenten socavar las instituciones racistas que las tienden—. Esas mujeres blancas que alimentan la ilusión de que solo con su ayuda sus «pobres hermanas negras» saldrán de sus privaciones —¡como si necesitáramos la ayuda de una Hermana Blanca Salvadora!— tan solo dan pábulo a los prejuicios racistas imperantes; de hecho, su activismo podría resultar más perjudicial para nuestra causa que beneficioso. Así, las militantes blancas del movimiento de mujeres maltratadas deberían darle importancia a depurar su conducta de cualquier connotación racista, algo que tal vez a ellas pase inadvertido, pero que levanta asperezas entre sus hermanas negras con mucha facilidad. Del mismo modo, las organizaciones de lesbianas eminentemente blancas deberían esforzarse por comprender el especial impacto que produce la homofobia en las mujeres de color.

Para dejar claro el modo en que se benefician las mujeres blancas de clase media de los logros conseguidos por sus hermanas obreras y de color, tratemos de imaginar una sencilla pirámide, dividida de manera transversal en función de la raza y la clase social de los distintos grupos de mujeres que contiene. De acuerdo con este esquema, las mujeres blancas ocuparían la franja superior, reservando la cúspide para las damas burguesas, más abajo hallaríamos después a las de clase media y, debajo de ellas, a las mujeres blancas de clase obrera. En la parte más baja se situarían las mujeres negras y otras mujeres racialmente oprimidas, la inmensa mayoría de las cuales serían también proletarias. Pues bien, cuando las mujeres instaladas en la cima consiguen ciertas victorias, lo más probable es que la situación del resto de sus hermanas permanezca inalterada. Esta dinámica ha quedado demostrada en casos como los de Sandra Day O'Connor y Jeane Kirkpatrick, dos mujeres que lograron «hazañas insólitas» en sus respectivos campos. En cambio, si aquellas que pueblan la base de la pirámide consiguen algún avance en sus luchas, es casi inevitable que su progreso empuje hacia arriba toda la estructura. En otras palabras: el progreso de las mujeres de color casi siempre supondrá una mejora para todas las mujeres.

Las mujeres de clase trabajadora, y las mujeres de color en particular, sufren la opresión machista de una forma que pone de manifiesto los inseparables vínculos, tan reales como complejos, que existen entre la opresión económica, racial y sexual. Así, si la experiencia del sexismo que vive una mujer blanca de clase media tan solo entraña ese tipo de factores hasta cierto punto, los padecimientos de las mujeres obreras implican el machismo de manera inevitable como parte de un contexto de explotación clasista; de hecho, las experiencias de las mujeres negras contextualizan de lleno la opresión machista como una realidad más dentro del racismo.

Planteemos, llegado este punto, una de las preocupaciones más visibles del feminismo actual en el marco de su campaña contra el racismo: los intentos de imponer a las mujeres la renuncia al derecho a gobernar su propio cuerpo. A este respecto, el llamado movimiento «provida» no solo se opone a la enmienda constitucional que garantizaría a las mujeres la igualdad de derechos, sino que promueve una prohibición constitucional con respecto al aborto que, *de facto,* violaría el derecho más fundamental —e, irónicamente, más sagrado— de cualquier mujer: decidir libremente acerca de todo lo que concierne a su cuerpo.

A lo largo de la campaña antiabortista enarbolada por los supuestos «partidarios del derecho a la vida» se han llevado a cabo prácticas terroristas de manera descarada y a plena luz del día. Cabe recordar que, durante el año más aciago de la década pasada, se produjeron hasta ciento cuarenta y siete incidentes por violencia y acoso —cuyos delitos oscilan desde el abuso verbal hasta el uso de explosivos con el fin de destruir las clínicas— dirigidos contra centros sanitarios y mujeres por igual. Concretamente, en 1982, un colectivo llamado Ejército de Dios secuestró al dueño de una clínica de Illinois y a su esposa y los mantuvieron aislados durante ocho días, un lapso que los captores aprovecharon para emitir amenazas de muerte si el presidente Reagan se negaba a derogar las leyes que autorizan el aborto. Incidentes como estos facilitaron los posteriores bulos de Reagan acerca de este asunto, al tiempo que suscitaron un mayor apoyo entre las posiciones ultraderechistas.

Al considerar el problema del aborto desde un punto de vista progresista, no debemos limitarnos a rechazar de lleno a las facciones conservadoras que niegan a las mujeres el derecho a decidir sobre los procesos biológicos que las afectan. Nos corresponde también examinar los planteamientos estratégicos y tácticos del movimiento que lucha por defender este derecho básico de todas las mujeres. Así, en primer lugar, debemos preguntarnos por qué tan pocas mujeres de color se han sumado a las filas del movimiento en favor del derecho al aborto. Lo que nos lleva a otra pregunta estrechamente relacionada: ¿por qué, pese a todo el ruido que emana de esta controversia tan encarnizada, se ha ignorado casi por completo una cuestión no menos candente: el derecho de las mujeres a librarse de los abusos vinculados con la esterilización forzosa? Como consecuencia de la Enmienda Hyde promulgada en 1977, que retiró la financiación federal a las intervenciones abortistas, ha aumentado la probabilidad de que las mujeres pobres se vean obligadas a someterse a una operación de esterilización —con su conocimiento o incluso sin él—, aniquilando con ello su posible deseo de ser madres en el futuro. ¿Y cómo se explica el hecho de que, si bien carecemos de fondos federales para los abortos, más del 90% del coste de las intervenciones esterilizantes sí que lo cubre gustoso el Gobierno federal? Los abusos cometidos con la esterilización son, con frecuencia, flagrantes; lo que ocurre es que, a menudo, se revelan bajo formas más sutiles, y sus víctimas tienden a ser mujeres puertorriqueñas, chicanas, nativas americanas, negras y blancas de estratos pobres. Uno de los partidarios de la esterilización no deseada, el físico William Shockley (galardonado con el premio Nobel), se atreve a afirmar que el 85% de los negros estadounidenses son personas «genéticamente desfavorecidas» y, por tanto, constituyen excelentes candidatos para los procesos de esterilización. Hay que acabar como sea con esta clase de ideas, pues tenemos el deber de proteger no solo el derecho de las mujeres a limitar el tamaño de sus familias, sino también su derecho a «ampliarlas» tanto como quieran y cuando les dé la gana.

El argumento anterior supone solo un ejemplo del millón de formas en que deberíamos abordar nuestros problemas y asegurarnos con ello de que reflejan las experiencias vividas por las mujeres de color. Sin duda, existen muchas más preocupaciones feministas que, si se exploraran a fondo, nos demostrarían hasta qué punto el racismo influye en la forma en que se enmarcan y articulan públicamente tales problemáticas. Esos influjos racistas, mientras sigan empañando los avances feministas, no dejarán de frenar la creación de organizaciones y coaliciones multirraciales. Por ende, la «erradicación» de esas influencias constituye un requisito fundamental para todas las iniciativas emancipatorias. Será nuestra capacidad para exorcizar el racismo de entre nuestras filas lo que determine si el movimiento feminista es (o no) capaz de poner patas arriba las bases socioeconómicas de nuestro país.

¡BASTA YA DE CONSENTIR! LA VIOLENCIA CONTRA LAS MUJERES POR PARTE DE UNA SOCIEDAD RACISTA[21]

Incluso esta noche debería salir a dar un paseo y aliviar
mi cabeza con respecto a este poema o acerca de por qué no consigo
salir sin tener que cambiarme de ropa de zapatos
de actitud corporal de identidad de género de edad
de estatus como mujer que soy por su cuenta en la noche/
sola por la calle/sola no es la cuestión/
la cuestión es que nunca puedo hacer lo que quiero/
lo que quiero hacer con mi cuerpo porque me he equivocado
de sexo de edad de color de piel y
supón que no hablo ahora de la ciudad sino de ir a la playa/
o al corazón del bosque y yo quisiera ir
a ese sitio a mi bola para pensar en Dios/o pensar
en los niños o pensar en el mundo/todo ello
a la luz de los astros sumida en el silencio:
no podría ir ni pensar en aquello ni tampoco

21 Discurso pronunciado en la Universidad Estatal de Florida, Talahassee, el 16 de octubre de 1985. El texto original se publicó por vez primera bajo el título «Violence Against Women and the Ongoing Challenge to Racism» [«La violencia contra las mujeres y las cuentas pendientes contra el racismo»] en la colección *Freedom Organizing Pamphlet Series*, 5, Kitchen Table/Women of Color Press, Latham, Nueva York, 1987.

quedarme plantada allí
sola
como me haría falta
sola porque no puedo hacer lo que me place con mi jodido
cuerpo y
quién coño ha dictado
estas reglas de mierda
me han contado que en Francia cuando un tío te penetra
pero no eyacula es que no te ha violado
y aunque tú lo apuñales y grites y
supliques ante ese hijo de perra y aunque tú le revientes
la cabeza a porrazos pese a todo si él
y todos sus colegas te terminan follando
pues tú te lo buscaste y que no se te ocurra
hablar de violación porque ahora has comprendido por fin
que si te follan sin más contemplaciones ha sido por tu culpa porque
te equivocaste queriendo ser tú misma en ese sitio ser justo como
[eres/craso error
ser quien soy
justo como Sudáfrica
penetrando en Namibia penetrando en
Angola y significa eso en fin cómo saber si
Pretoria eyacula en qué te basarás cuál será
la corrida que salga de su espantosa bota tachonada
y si pese a todo
después de Namibia de Angola de Zimbabue
si después de todo mis queridos hombres mis queridas mujeres se
[resisten
a inmolar sus pueblos y como resultado
salimos derrotados inevitablemente qué dirán entonces esos
[chicarrones pedirán
que consienta:

Veis Hacia Dónde Voy: Somos la gente equivocada con la piel
[equivocada
en el continente equivocado pero por qué demonios
se le ocurrirá a nadie mostrarse razonable...[22]

Los versos que acabamos de leer, extraídos del «Poema sobre mis derechos» de June Jordan, ilustran a la perfección los paralelismos que existen entre la violencia sexual perpetrada contra las mujeres individuales y la violencia de tipo neocolonial contra pueblos y naciones. Su mensaje bien merece una seria reflexión: no es posible comprender el verdadero sentido de una agresión sexual si la abordamos al margen de su contexto sociopolítico más amplio. Así, si queremos entender la naturaleza de la violencia sexual tal y como la experimenta una mujer concreta, deberíamos ser conscientes de sus contornos sociales. Estos últimos incluyen, por ejemplo, la violencia imperialista ejercida sobre los nicaragüenses, el daño del *apartheid* en Sudáfrica o la violencia de motivación racista infligida a los afroamericanos y a otras personas racialmente discriminadas de Estados Unidos.

Crímenes como la violación, la extorsión sexual, los linchamientos, la violación conyugal, la pederastia o el incesto son tan solo algunas de las muchas formas de violencia sexual manifiesta que padecen millones de mujeres en nuestro país. Del mismo modo, cuando se nos prohíbe ejercer nuestro derecho al aborto por medio de tácticas terroristas como las que practican los «partidarios del derecho a la vida» —colectivos que colocan bombas en las clínicas—, a las que se sumarían las reprochables acciones del Gobierno (que retira los fondos federales destinados a este tipo de intervenciones médicas),

22 J. Jordan, *Passion*, Beacon Press, Boston, 1980.

lo que las mujeres experimentamos es un tipo de violencia dirigido contra nuestra libertad reproductiva y nuestra sexualidad. En concreto, nuestras hermanas más pobres, y en especial las mujeres de color, siguen sufriendo de lleno la violencia quirúrgica vinculada a los abusos de la esterilización. Hoy, incontables mujeres ven dañado su organismo contra su voluntad por culpa de tratamientos con el de Dalkon Shield u otros métodos potencialmente mortíferos que pretenden controlar los índices de natalidad. Por si esto fuera poco, a numerosas mujeres aquejadas por alguna discapacidad (física o mental) se las reduce sin miramientos a la triste condición de sujetos asexuales, lo que lleva a concluir que no necesitarían una atención especial en relación con dicho control natalicio. Sea como fuere, nuestros derechos reproductivos significan mucho más que el simple acceso al aborto y el derecho a disponer de métodos anticonceptivos seguros. De hecho, abarcan también, por ejemplo, el derecho de las lesbianas a tener hijos fuera de los límites heteronormativos, lo que exige aprobar leyes mucho menos represivas que regulen las nuevas tecnologías reproductivas implicadas en procesos como la inseminación, la fecundación *in vitro* o los vientres de alquiler.

Estos ejemplos concretos de agresiones contra las mujeres forman parte de un *continuum* más amplio de violencia infligida socialmente, que incluye andanadas constantes y premeditadas dirigidas contra los derechos económicos y políticos de las mujeres. Tal como lleva ocurriendo toda la historia, este tipo de agresiones afectan más gravemente a las mujeres de color y a sus hermanas blancas de clase trabajadora. La espantosa epidemia de violaciones que asola nuestro tiempo —de una gravedad tan honda que hoy una de cada tres mujeres estadounidenses teme ser violada en algún momento de su vida— muestra de un modo sombrío el deterioro que sufren las condiciones económicas y sociales de la mujer. De hecho, a medida que aumenta la violencia racista en el ámbito doméstico —y al tiempo que el yugo imperialista de la globalización sigue campando a sus anchas—, las mujeres advertimos hasta qué punto los hombres son cada vez más propensos a agredir sexualmente a las mujeres de su entorno. En este sentido, por mucho que la administración Reagan intente escurrir el bulto, no puede eludir la culpa por la creciente amenaza de la violencia en nuestra sociedad. Pues el Gobierno actual no solo es el más machista —es el único, por ejemplo, que se opone frontalmente a la Enmienda sobre la Igualdad de Derechos al mismo tiempo que apoya la sexista y homófoba Enmienda sobre la Vida Familiar— y racista que jamás hemos tenido —pues intenta con ahínco desmantelar treinta años de conquistas del movimiento por los derechos civiles—, sino que es, con diferencia, el Gobierno más ferozmente belicista de este siglo. De hecho, por primera vez en la historia de la humanidad, la amenaza de embarcarnos en un suicidio nuclear de dimensiones planetarias se ha convertido en una realidad.

Pero, dejando de lado el panorama más amplio (al menos, por el momento), pongamos el foco sobre la historia reciente de nuestra conciencia social con respecto a la violencia sexual sufrida por las mujeres. Así, cuando el reciente movimiento de repulsa contra las violaciones comenzó a cobrar forma a inicios de los años setenta, poco después de que apareciera el movimiento de liberación de la mujer, la citada iniciativa se reveló —con la campaña destinada a despenalizar el aborto— como el modelo de activismo hegemónico más pujante en la lucha por la igualdad de la mujer. En enero de 1971, el colectivo Feministas Radicales de Nueva York organizó un «Foro de testimonios sobre agresiones sexuales» que, por primera vez en la historia, brindó la oportunidad a un gran número de mujeres de contar públicamente sus vivencias, a menudo aterradoras.[23] Ese mismo año, las ciudadanas de Berkeley, California, reaccionaron ante el trato vejatorio e injusto que recibían las supervivientes de este tipo de violencia por parte de los cuerpos policiales, sanitarios y jurídicos, de modo que implantaron una línea telefónica de tipo comunitario, bajo el nombre de Mujeres de la Bahía contra las violaciones, destinada a atender, las veinticuatro horas del día, las llamadas de socorro emitidas en la zona. Este centro de asistencia crítica serviría de modelo a un sinfín de instituciones similares que surgieron a lo largo y ancho del país durante la década de los setenta.

En 1971, la periodista Susan Griffin publicó un histórico artículo en la revista *Ramparts* titulado «Violación: el crimen americano». El artículo se abría con las palabras siguientes:

> El miedo a la violación me ha acompañado durante toda la vida. Desde una edad muy temprana, siempre he creído —al igual que les sucede a muchísimas mujeres— que la violación era parte inseparable de mi entorno natural, una realidad a la que debía temer y que exigía santiguarse tal como nos persignamos contra el fuego o los relámpagos. Nunca paré a preguntarme por qué motivo los hombres violaban a las mujeres; pensaba, sencillamente, que ese era un misterio más de la naturaleza humana.
>
> [...] Tendría yo ocho años [...] cuando, un buen día, mi abuelita me condujo hasta la parte trasera de nuestra casa —donde los hombres no oirían lo que dijéramos— y me avisó de que había desconocidos

23 *Cfr.* N. Connell y C. Wilson (eds.), *Rape: The First Sourcebook for Women by New York Radical Feminists,* New American Library, Nueva York, 1974.

> que abusaban de las niñas. Desde entonces, acostumbré a evitar las calles más oscuras, dejé de hablar con extraños, rehusé subirme en coches sospechosos y me habitué a cerrar con llave la puerta o a pasar inadvertida. Pese a todo, ella nunca me explicó por qué diablos un hombre querría hacer daño a una niña. Yo nunca lo pregunté.
>
> Si alguna vez se me pasó por la cabeza que la terrible advertencia de mi abuela pudiera ser exagerada, la ilusión me duró poco. Pues ese mismo año, un día que volvía de la escuela, un compañero unos años mayor intentó abusar de mí. Poco después, en un oscuro pasillo de la biblioteca pública (donde me hallaba leyendo el libro *Freddy el cerdito*), eché la vista hacia atrás y me topé con un tipo exhibiéndome su cuerpo. Tiempo más tarde, me enteré de que a aquel «graciosillo» lo acabaron deteniendo por abusar de menores.[24]

Que prácticamente todas las mujeres tengamos grabados episodios similares entre nuestros recuerdos infantiles demuestra hasta qué punto la violencia machista condiciona la experiencia femenina en sociedades como la nuestra. Todavía recuerdo que, cuando iba al colegio —tendría yo, entonces, unos diez años—, una amiga que vivía cerca de casa desapareció sin más durante una semana, aproximadamente. Las malas lenguas dijeron que alguien la había violado. Cuando al fin apareció, mi amiga no dijo nunca ni media palabra sobre el motivo de su ausencia, y nadie se atrevió a romper aquel voto de silencio. Recuerdo perfectamente cómo cualquier cuchicheo pronunciado a sus espaldas parecía dar a entender que ella había hecho algo malo (tal vez, incluso, terrible), lo que revistió sus pasos con un aura misteriosa de inmoralidad que la acompañaría durante el resto de la

24 J. Freeman (ed.), *Women: A Feminist Perspective*, Mayfield Publishing, Palo Alto, 1975.

educación primaria. Más que ninguna otra de mis compañeras, ella fue siempre el blanco de las burlas vejatorias de los chicos. Como se daba por hecho que ella había transgredido los valores morales de nuestra comunidad, a nadie se le pasó por la cabeza pensar que era, en realidad, la triste víctima de un crimen que jamás debió quedar impune.

El movimiento antiviolación que se puso en marcha a comienzos de los años setenta cuestionó muchos de los persistentes mitos acerca de este tipo de agresiones. Por ejemplo, las mujeres desmontaron con tesón el mito según el cual toda persona violada carga con parte de culpa por sufrir ese delito, una leyenda basada en el supuesto de que las mujeres siempre pueden decidir lo que ocurre con sus cuerpos (aunque las estén violando). Esta clase de camelos era tan habitual que muchos abogados defensores intentaban demostrar la imposibilidad de ciertas violaciones pidiendo a algún testigo que intentara penetrar, con la ayuda de algún objeto fálico, una cavidad sometida a movimientos convulsos. Oleta Abrams, una de las cofundadoras de la mencionada organización Mujeres de la Bahía contra las violaciones, nos ha legado una anécdota que revela claramente las relaciones de poder presentes, en realidad, en agresiones sexuales como las señaladas. Así, por ejemplo, cuando un policía pidió a una mujer que intentara introducir su porra dentro una taza que él sacudía sin parar, la mujer resolvió agarrar la porra y propinar al agente un buen golpe en el hombro, lo que liberó la taza y permitió introducir la porra en ella sin mayor dificultad.[25]

Otro mito muy extendido es el que afirma que, si una mujer no se resiste cuando algún hombre la viola es porque

25 J. y H. Schwendinger, *Rape and Inequality*, Sage Library of Social Research, Beverly Hills, 1983, p. 23.

no ve tan mal que abusen de su cuerpo. Propongo que traslademos el supuesto planteado a un caso de allanamiento de morada. ¿Se le ocurriría a alguien exigir al propietario del inmueble asaltado que oponga resistencia porque solo de esta forma podrá hacer valer sus derechos de propiedad ante un tribunal? Todavía hoy, los pertinaces mitos que rodean a las violaciones nos llevan a hablar incluso de insinuación por parte de las víctimas. Este fue el caso de la sentencia dictada por un juez de Wisconsin que, en 1977, consideró que la violación cometida por un varón de quince años contra una adolescente que vestía una camisa holgada, vaqueros Levi's y zapatillas deportivas era, en el fondo, una reacción «normal» teniendo en cuenta el «provocador» atuendo de la joven.

Aunque el miedo a ser violadas cunde entre la mayoría de las mujeres, al mismo tiempo, muchas de nosotras estamos convencidas de que nunca sufriremos semejante desgracia. Sin embargo, lo cierto es que una de cada tres mujeres sufre algún tipo de agresión sexual a lo largo de su vida, y una de cada cuatro niñas es violada antes de cumplir siquiera los dieciocho años. A pesar de estos fatídicos datos, el porcentaje de agresores condenados apenas alcanza el 4%, por no hablar de que solo un ínfimo porcentaje de las violaciones dan lugar a una denuncia ante las autoridades.

Las violaciones pueden producirse en cualquier momento y lugar, así como afectar a mujeres de todas las edades. Criaturas de cuatro meses y ancianas de más de noventa años sufren violaciones por igual, aunque el grupo más numeroso de supervivientes de este tipo de agresiones lo forman, desde luego, las chicas adolescentes de entre dieciséis y dieciocho años. Las violaciones afectan a mujeres de todas las razas y clases sociales, con independencia de cuál sea su orientación sexual.

Aunque la mayoría de la gente es muy dada a imaginar las violaciones como ataques repentinos e imprevistos cometidos por maleantes anónimos, en realidad la mayoría de las víctimas de este tipo de violencia ya conocían de antemano a sus violadores; de hecho, más de la mitad de las violaciones tienen lugar en el hogar de la víctima o en el del agresor. Por si esto fuera poco, somos dados a asumir que toda violación es un arrebato de lujuria y que, por ende, los violadores son básicamente hombres incapaces de sofrenar sus impulsos sexuales. Sin embargo, los datos demuestran que la mayoría de estos agresores no violan a sus víctimas movidos por un impulso ni para satisfacer una pasión sexual irreprimible. En vez de ello, las causas de estos delitos tienen más que ver con la necesidad —a menudo, de índole social— que experimentan los hombres por ejercer el poder y el control sobre las mujeres mediante la violencia. Además, tampoco es cierto que la mayoría de los violadores sean unos psicópatas, como pretenden hacernos creer las manidas representaciones mediáticas de este grupo de varones. Más bien es justo al revés: a la inmensa mayoría de ellos los consideraríamos ciudadanos «normales» según los patrones sociales imperantes.

Sin duda, el mito más insidioso que afecta a las violaciones es aquel que afirma que los negros son más propensos a cometer estos crímenes. Como consecuencia directa de los prejuicios racistas que impregnan nuestras conductas, las mujeres blancas temen mucho más la posibilidad de ser agredidas por un hombre negro que por uno blanco. Sin embargo, si tenemos en cuenta que los hombres blancos son mayoría en nuestra población, en realidad este grupo de varones es el que comete la mayor parte de las violaciones. Sin embargo, debido a la omnipresente cultura racista que guía el uso de las leyes en nuestro país, el número de hombres negros que acaba en prisión por este tipo de delitos es desproporcionadamente grande. El mito del violador negro hace que la gente ignore las condiciones concretas que afectan a la violencia sexual y omita, por ejemplo, el hecho de que más del 90% de estas agresiones son, en realidad, intrarraciales (y no tanto interraciales). Además, tal como se ha señalado en numerosos estudios sobre violencia sexual —y como ya sucedía en la época de la esclavitud—, la proporción de hombres blancos que abusan de mujeres negras es muy superior a la de varones negros que violan a mujeres blancas. Pese a ello, la mujer blanca promedio de nuestro país sigue pensando que sus vecinos negros son mucho más temibles que los blancos como violadores en potencia. Estas actitudes sociales tan distorsionadas, racistas hasta la médula, constituyen un enorme obstáculo para el desarrollo de un movimiento capaz de lograr avances sustanciales en nuestra lucha contra las violaciones.

Si examinamos de cerca los motivos por los que ha costado tanto sentar las bases de un movimiento eficaz de índole multirracial que plante cara a la violencia sexual, nos daremos cuenta de que el mito señalado en el párrafo anterior ha desempeñado un papel crucial. A principios de la década de 1970, cuando la campaña antiviolación daba sus primeros pasos, la presencia de mujeres afroamericanas en sus filas gozaba todavía de cierto carácter de excepcionalidad. A todas luces, esto podía atribuirse parcialmente a la escasa conciencia que existía por aquel entonces acerca de los vínculos entre racismo y machismo, sobre todo entre las pioneras blancas responsables de instaurar el movimiento de emancipación femenina. Al mismo tiempo, las activistas antiviolación tampoco supieron comprender del todo hasta qué punto las agresiones sexuales y el sentido racista de las acusaciones falsas resultaban históricamente inseparables. Pues si algo nos muestra la historia estadounidense es que, por un lado, la violación de mujeres negras a manos de hombres blancos ha sido un arma política empleada para sembrar el terror; pero también, por el otro, que endosar sin pruebas a los ciudadanos negros cargos semejantes cumplía un papel similar. Al fin y al cabo, se han perpetrado millares de linchamientos apelando al mito del violador negro.

Dado que gran parte del activismo inicial contra la violencia sexual tenía como objetivo sentar a los violadores ante un tribunal, resulta comprensible que muchas mujeres afroamericanas se mostraran reacias a sumarse a un movimiento que podía producir medidas represivas contra sus seres queridos. Pese a ello, es preciso recalcar al mismo tiempo que las mujeres negras necesitaban entonces —y siguen necesitando— urgentemente la existencia del citado movimiento antiviolación, pues el número de víctimas de agresiones entre sus filas es desproporcionado. De hecho, aún resulta más curioso que las mujeres negras decidieran ausentarse de esas primeras campañas, sobre todo si tenemos en cuenta que el activismo antiviolación goza de un amplio historial en la comunidad negra. No en vano, lo más probable es que el primer organismo progresista que plantó cara a la violencia sexual fue el llamado Movimiento del Club de Mujeres Negras, fundado a finales de la década de 1890 bajo el influjo de otras iniciativas, como la repulsa ante los linchamientos, encabezadas por figuras como la de Ida B. Wells.[26] En la actualidad, organizaciones como el Proyecto Nacional de Salud de la Mujer Negra de Atlanta llevan a cabo campañas de movilización y

26 *Cfr.* P. Giddings, *When and Where I Enter*, William Morrow, Nueva York, 1984, capítulo VI.

formación en torno a cuestiones como las violaciones o los abusos vinculados con la esterilización.

Ciertamente, cualquier mujer es capaz de comprender la profunda indignación que caracterizó las primeras fases del proyecto antiviolación. No debemos olvidar que, a lo largo de toda nuestra historia, tanto el sistema judicial como la sociedad en su conjunto ni siquiera habían reconocido a las mujeres como víctimas legítimas, en especial si el delito cometido contra ellas era una agresión sexual. Tal vez por ello buena parte de la rabia acumulada en lo más hondo de las mujeres violadas apuntaba, naturalmente, a los hombres. Tan pronto como empezó a desarrollarse una base teórica de carácter feminista que respaldara el proyecto, estas nuevas ideas permitieron reforzar y legitimar aquel sentimiento de rabia indefinida dirigida hacia los hombres, ya que ahora la violación se entendía como un producto inevitable de la naturaleza varonil. Así, de alguna manera, la masculinidad se entendía no tanto en términos de sus condicionantes sociales —sobre todo de raíz capitalista—, sino como un producto inmutable determinado, biológica y psicológicamente, por la naturaleza inherente del macho.

Los postulados que acabo de mencionar no solían tener en cuenta los componentes de clase y los factores raciales que se dejaban notar en muchas violaciones sufridas por mujeres blancas de clase trabajadora y mujeres de color. De hecho, el fracaso del movimiento antiviolación de principios de los años setenta a la hora de desarrollar un análisis certero de este tipo de agresiones —capaz de reconocer las condiciones sociales que fomentan la violencia sexual, así como la centralidad del racismo en la determinación de dichas condiciones—, provocó la reticencia inicial de las mujeres negras, latinas y nativas americanas a sumarse a esas iniciativas.

Así, una lectura atenta de la historia económica de Estados Unidos relativa a las mujeres afroamericanas nos enseña, por ejemplo, que los abusos sexuales se han considerado siempre un tipo de riesgo laboral. En particular, durante el periodo de la esclavitud, se consideraba que el cuerpo de la mujer negra estaba a disposición del amo (o de sus encargados) en todo momento. Ya en tiempos de «libertad», los empleos más frecuentemente disponibles para las mujeres negras eran los de empleadas domésticas. Este encasillamiento de las ciudadanas negras en labores serviles no empezó a corregirse hasta finales de los años cincuenta del pasado siglo. Más tarde, contamos con documentos de sobra que nos muestran cómo estas criadas y lavanderas negras fueron víctimas de agresiones sexuales reiteradas a manos de los patronos blancos en cuyo hogar trabajaban.

El acoso y la extorsión sexual siguen siendo un paradigma de riesgo laboral para las mujeres trabajadoras de cualquier origen racial. En una encuesta realizada por *Redbook* en 1976 a nueve mil mujeres, el 90% de ellas declararon haber sido objeto de acoso sexual en su entorno laboral.[27] Según cuenta Julia Schwendinger en su libro *Rape and Inequality* [*Violación y desigualdad*], una diputada se enteró de que cierto compañero congresista preguntaba a las candidatas para puestos subalternos si estarían dispuestas a practicar sexo oral, casi como si se tratara de un requisito para acceder al puesto.[28]

Si admitimos que las violaciones no son más que un subproducto de la masculinidad, una consecuencia de la fisonomía de los hombres o el precio que hay que pagar por una mentalidad varonil inmutable, ¿cómo explicamos entonces

27 Schwendinger [1983:50].
28 *Ibidem.*

que los países que hoy asisten a una epidemia de violaciones sean precisamente los países capitalistas más avanzados, territorios que se enfrentan a profundas crisis económicas y sociales, inundados de violencia por doquier? Digámoslo de otro modo: ¿los hombres nos violan tan solo porque son hombres, o habría que tener en cuenta la opresión que sufren en términos económicos, políticos y sociales, por no hablar del violento trasfondo general del país en el que viven?

A menudo, la violencia sexual es resultado directo de las políticas estatales. En Vietnam, como apunta la ensayista Arlene Eisen en su libro *Las mujeres de Vietnam,* los soldados americanos recibían instrucciones para sus misiones de búsqueda y destrucción entre las que se incluía, a menudo, la orden de «registrar» a conciencia con sus penes las vaginas de las vietnamitas.[29] En línea con estos hechos, se han descrito situaciones similares a propósito de la violencia sexual perpetrada al amparo de la dictadura militar chilena:

> Las torturas cometidas contra las mujeres chilenas incluían vejaciones tan agónicas como abrasarles los pezones o quemarles los genitales, sin obviar otros pavorosos métodos como la aplicación de tratamientos de choque en todas las partes del cuerpo. A esto hay que añadir, por supuesto, las violaciones grupales. El número de mujeres que han sido agredidas con técnicas semejantes resulta incalculable; es más, a aquellas que quedaron embarazadas tras haber sido violadas se les negó la posibilidad de abortar. Hubo mujeres a las que introdujeron insectos por la vagina; o embarazadas cuyo vientre golpearon sin piedad a culatazos hasta provocarles un aborto.[30]

29 A. Eisen, *Women in Vietnam,* People's Press, San Francisco, 1975, p. 62; hay edición en castellano: *Las mujeres de Vietnam,* B. Talamántez (tr.), Editorial Serie Popular ERA, México, 1977.

30 Schwendinger [1983:203].

La violencia sexual suele ser un componente de la tortura infligida a las presas políticas por los gobiernos fascistas y las fuerzas contrarrevolucionarias de todo el mundo. En concreto, la historia estadounidense nos muestra que el Ku Klux Klan y otros grupos racistas han utilizado las violaciones como arma de terrorismo político.

La violación guarda relación directa con todas las estructuras de poder de una sociedad concreta. La citada relación no es jamás simple y mecánica, sino que involucra andamiajes más complejos que echan mano de otras formas de opresión (por raza, género o clase) propias de esa sociedad. Por eso, si no comprendemos hasta qué punto la naturaleza de la violencia sexual viene determinada por la violencia y el poder racial, clasista y estatal, nuestras esperanzas de implementar estrategias capaces de purgar nuestra sociedad de esta ponzoña machista serán vanas.

En nuestro intento por comprender la estructura de las violaciones, cometeríamos un error imperdonable al limitar el análisis a meros casos aislados o al conformarnos con desmenuzar la psique masculina. Si obráramos de este modo, el tipo de medidas que se despenderían de ese tipo de análisis serían inevitablemente punitivas. Pero, como demuestra a las claras el uso represivo de la parafernalia estatal, imponer duros castigos a los infractores rara vez disuade a estos a la hora de reincidir en sus fechorías. Pues, por cada violador castigado, ¿cuántos más nos aguardan al acecho en nuestros barrios, en nuestros lugares de trabajo o incluso en nuestros hogares? Lo que estamos planteando no es, desde luego, que los violadores deban quedar impunes, sino que el castigo no basta por sí solo para frenar la creciente oleada de violencia sexual que asola nuestro país.

La experiencia de los años setenta nos demuestra que dejar exclusivamente en manos de las fuerzas del orden cualquier estrategia antiviolación profundizará en la discriminación que sufrimos las mujeres de color. De hecho, la experiencia de las ciudadanas negras nos demuestra que, en ciertas ocasiones, los polis blancos encargados de protegerlas han llegado a abusar de ellas. Por ejemplo, Ann Braden, veterana lideresa en materia de derechos civiles, narra la conducta de varios agentes sureños responsables de detener a unas cuantas manifestantes negras —a las que acabaron violando— durante una marcha por los derechos civiles. Recuerdo una experiencia que viví cuando cursaba un posgrado en la ciudad de San Diego. Cierto día en que me encontraba en compañía de una amiga encontramos a una joven negra, ensangrentada y molida a palos, tirada en el arcén de la autopista. Había sido violada por un grupo de hombres blancos que, consumado el delito, la habían dejado a su suerte junto a la calzada. Por si fuera poco, cuando la policía se personó en el lugar de los hechos, los agentes también la violaron y la abandonaron de nuevo en la autopista, prácticamente inconsciente. Situaciones como esta no tienen nada de raras. Tan solo demuestran la enorme desconfianza que albergamos las mujeres negras con respecto a los agentes encargados de aplicar medidas antiviolación.

Pero esto no acaba aquí. También hay que recordar que las fuerzas policiales emplean a menudo tácticas (en principio) diseñadas para apresar a los violadores, pero cuyo objetivo real es echar leña al fuego de la represión racista. Recordemos un célebre caso ocurrido en los setenta, cuando un violador mantuvo aterrorizada a la comunidad de estudiantes de Berkeley. El tipejo, conocido por el mote de «Stinky» [«Apestoso»], había agredido ya —o eso se decía— a decenas de mujeres negras. Sin embargo, hasta que no empezó a violar también a chicas blancas y perpetró otra agresión contra una conocida presentadora negra de televisión, la policía no le prestó atención al caso. Difundieron entonces una descripción tan vaga del agresor que la imagen se correspondía, poco más o menos, con la de un tercio de los hombres negros de la zona, lo que trajo consigo la detención de un montón de ciudadanos cuyo único «delito» era ser de piel oscura. Por si fuera poco, el cuerpo de policía de Berkeley propuso al Ayuntamiento adoptar una estrategia para capturar a Stinky que implicaba la contratación de más agentes, la adquisición de helicópteros y otras aeronaves, e incluso el uso de agresivos perros rastreadores. Lo cierto es que el cuerpo policial de esta localidad llevaba intentando obtener la aprobación para el uso de perros desde el comienzo de las protestas estudiantiles de los años sesenta, pero hasta entonces sus propuestas habían fracasado gracias al amplio rechazo de la ciudadanía. Pues bien: empeñados en poner en marcha su programa represivo, los policías quisieron aprovecharse de ese momento en que las mujeres de aquella comunidad se sentían aterrorizadas. Por desgracia, el movimiento antiviolaciones, que en aquella época estaba integrado casi en exclusiva por personas blancas, no se dio cuenta de las verdaderas intenciones de los agentes del orden y se prestó gustoso a respaldar su estrategia. Al hacerlo, la ciudadanía se convirtió a su pesar en cómplice de un plan que acabaría provocando, de manera inevitable, un aumento de la brutalidad policial contra la comunidad negra de Berkeley.

En los tiempos que corren, las iniciativas antiviolación deben ser muy conscientes de estos posibles escollos. Deben vigilar al máximo para no restringir sus apoyos tan solo a estrategias como los centros de asistencia crítica, pues este tipo de centros (por importantes que sean) solo palian los efectos y dejan intactas las causas del crimen. Los condicionantes sociales que engendran la violencia racista —esto es, las condiciones sociales que fomentan los ataques contra los trabajadores, al igual que las posturas políticas que justifican la intervención estadounidense en Centroamérica o el blanqueo del *apartheid* de Sudáfrica— se dan cita en los casos de violencia sexual. Por consiguiente, esta última nunca podrá ser extirpada hasta que logremos completar con éxito en nuestro país toda una serie de transformaciones sociales de carácter radical.

Debemos aunar esfuerzos y garantizar así la seguridad de las mujeres, pero sin perder de vista lo mucho que nos preocupa la protección de nuestro planeta. Y es que no es casualidad que los más recientes brotes de violencia sexual registrados en nuestra tierra tengan lugar en el preciso momento en que el Gobierno de Estados Unidos cuenta con los medios suficientes para aniquilar cualquier atisbo de vida humana. No es nada casual que un Gobierno que dilapida cada hora cuarenta y un millones de dólares en desarrollar los instrumentos de devastación más brutales jamás conocidos ayude a perpetuar la violencia en cualquier marco social, lo que incluye las agresiones sexuales que sufrimos las mujeres. Se estima que con un gasto de doscientos millones de dólares —lo que equivale a cinco horas de dispendio militar— se podría ofrecer financiación anual a mil seiscientos centros destinados a atender las llamadas de socorro y solicitudes de asilo de mujeres maltratadas.

Nunca avanzaremos ni siquiera un paso hacia nuestra meta —erradicar la violencia ejercida contra las mujeres en nuestra sociedad— si no reconocemos que las violaciones constituyen tan solo un pilar de todo el edificio de opresión machista. Y, en este sentido, la opresión sistemática que padece la mujer no puede evaluarse con exactitud sin relacionarla con el racismo y la explotación clasistas practicados dentro de nuestras fronteras, pero también con las agresiones imperialistas y con la amenaza global de sufrir un holocausto nuclear.

El movimiento antiviolación debe tratar, por todos los medios, de estrechar lazos con otras campañas que abogan por los derechos de la mujer, así como unir fuerzas con las luchas obreras (dondequiera que se desarrollen). Si de verdad somos militantes convencidas, dispuestas a plantar cara a la violencia machista, también debemos cumplir con nuestro deber denunciando sin tapujos la violencia policial y mostrarnos solidarias de todo corazón con las personas racial y socialmente discriminadas —que sufren en sus carnes ese tipo de violencia—. En este sentido, defendamos, por ejemplo, la memoria de Eleanor Bumpurs, la vecina negra del Bronx que, con sesenta y siete años, fue asesinada en 1984 a manos de policías del Departamento de Vivienda de Nueva York por haberse negado a abandonar su hogar durante un desahucio.

Todas las pancartas y eslóganes que alzamos para denunciar las violaciones, alcémoslas también para censurar la violencia racista y antisemita del Ku Klux Klan y otros tantos neonazis. Y alcémoslas también en defensa de presos políticos como Leonard Peltier, el nativo americano que representa a su pueblo, o de Johnny Imani Harris, el activista carcelario de raza negra que, tras doce largos años, ha conseguido salir del corredor de la muerte en Alabama.

Si aspiramos a erradicar la violencia sexual, también debemos pedir la libertad inmediata de Nelson y Winnie Mandela, al igual que la del resto de presos políticos sudafricanos. Del mismo modo, la gente de Nicaragua y El Salvador también necesita nuestra solidaridad, al igual que nuestros amigos palestinos que luchan por su tierra y su dignidad.

Y, por supuesto, no podemos olvidar a nuestras hermanas iraníes, que hacen todo lo posible por sacar adelante una revolución democrática que ha sido violentamente sofocada por la República Islámica de Jomeini.

Reconocer el amplio contexto sociopolítico que engloba los mencionados brotes de machismo no implica, sin embargo, que debamos ignorar las necesidades concretas de los proyectos en curso destinados a acabar con las violaciones. Nuestra batalla debe librarse de forma valiente en sus incontables frentes. Sin olvidar esta premisa, sigamos dando forma a los cimientos teóricos del movimiento antiviolación mientras ponemos en marcha iniciativas prácticas. Y recordemos en todo momento que, aunque logremos pequeñas victorias, la supresión completa de la violencia machista será, en última instancia, el resultado de nuestra capacidad para forjar un nuevo orden mundial; un proyecto revolucionario capaz de acabar con toda forma de opresión y violencia cometida contra nuestros semejantes.

HARTAS DE ESTAR HARTAS: LAS POLÍTICAS SANITARIAS PARA LAS MUJERES NEGRAS[31]

La política no es un reino separado de la vida. Nos guste o no, la política impregna nuestra existencia inmiscuyéndose hasta en los recovecos más íntimos de nuestras vivencias. Precisamente por eso, como punto de partida para abrir este debate sobre las políticas sanitarias que condicionan la vida de las mujeres negras, les invito a considerar la experiencia de una persona valiente, cuyo relato de las batallas que se ha visto obligada a librar en nombre de su salud nos ayuda a extraer valiosísimas lecciones acerca del bien común. En concreto, Audre Lorde se pregunta:

> ¿Cómo debería ingeniármelas para cuidar de mí misma? […] ¿Cómo me procuraré los mejores alimentos, físicos y espirituales, que me ayuden a curar los daños del pasado y a contener las heridas futuras? ¿Cómo haré para dar voz a mi vida de modo que otras mujeres conozcan

31 Discurso pronunciado en el Bennett College de Greensboro, Carolina del Norte, el 29 de agosto de 1987 con motivo de una ponencia organizada por la North Carolina Black Women's Health Project [Iniciativa por la salud de las mujeres negras de Carolina del Norte]. La versión original del texto vio la luz bajo el título «The Politics of Black Women's Health» [«Las políticas sanitarias para las mujeres negras»] en la revista *Vital Signs*, 5.1 (febrero de 1988).

> mis experiencias y tomen de ellas cuanto necesiten? ¿Cómo lograré enmarcar mi relación con el cáncer en un contexto más amplio: el que me presenta como una mujer negra o me ancla a la historia de las demás mujeres? Y, sobre todo, ¿cómo conseguiré vencer la congoja que nace del miedo, la ira y la frustración, mis peores enemigos?
>
> Me he dado cuenta de que intentar vencer la desesperación no implica apartar la vista del millón de tareas que es preciso acometer para lograr algún cambio; no exige dejar de señalar la barbarie de las fuerzas que se nos oponen. Lo único imprescindible es aprender a enseñar, a plantar cara y a salir adelante empleando el recurso más valioso a tu alcance: tu propia persona —¡y disfrutar con semejante lucha!—. Pero también exige, creo yo, saber reconocer a nuestros enemigos (tanto externos como internos) y ser conscientes de que nuestro trabajo se suma a los esfuerzos del resto de mujeres que cuidan de su tierra y hacen valer su fuerza. Saber que esta batalla no comenzó conmigo ni se terminará el día en que yo me muera. E implica darme cuenta de que, en este *continuum,* mi vida y mis fatigas guardan algún valor para mis semejantes.
>
> Significa también recordar esos días junto al río Missisquoi, donde, al amanecer, con el cuerpo transido de una calma florida, capturé algunas truchas. La belleza de esos ratos me pertenecerá siempre.[32]

Precisamente en el *continuum* donde van a sumarse los esfuerzos de todas las mujeres, en el lugar donde Audre Lorde desea echar raíces y al que quiere entregar sus preciadas ofrendas, la búsqueda de nuestra salud (para el cuerpo, la mente y el espíritu) nos muestra una maraña en la que se entretejen las principales luchas que las mujeres hemos ido

32 A. Lorde, *The Cancer Journals,* Spinsters Ink, San Francisco, 1980, p. 17; hay edición en castellano: *Los diarios del cáncer,* G. Adelstein (tr.), Ginecosofía, Santiago de Chile, 2020.

librando en pos de la emancipación social, económica y política. A este respecto, durante la última década, hemos tenido la suerte de poder beneficiarnos del valioso trabajo de activistas sanitarias como Byllye Avery y Lillie Allen, integrantes del Proyecto Nacional de Salud para las Mujeres Negras, dos figuras que han sabido abordar con perspicacia y pasión los problemas de salud que afectan a las ciudadanas negras, allanando de este modo el camino hacia un mayor bienestar en múltiples sentidos. El mencionado proyecto ha elegido como lema para sus iniciativas la conocida proclama de Fannie Lou Hamer: «¡Hartas de estar hartas!».

Somos conscientes de lo urgente que resulta enmarcar en el contexto adecuado los problemas de salud de las mujeres negras y relacionarlos con la situación política imperante. Pues, aunque es innegable que nuestra salud se encuentra asediada por factores naturales que a menudo escapan a nuestro control, con demasiada frecuencia los mayores enemigos de nuestro bienestar físico y emocional son de tipo social y político. Precisamente por eso debemos esforzarnos por comprender a fondo la enrevesada política sanitaria a la que se enfrentan las mujeres negras.

De entrada, podría suponerse que la Constitución de Estados Unidos, célebre por garantizar a todos sus ciudadanos «el derecho a la vida, la libertad y la búsqueda de la felicidad», recoge de forma implícita nuestro derecho a estar sanos. Sin embargo, no necesariamente se desprende un derecho semejante de nuestra Constitución, pues debemos recordar que la salud tendría que reconocerse, de manera universal, como un derecho humano fundamental. Por desgracia, en nuestra sociedad, dominada por el afán de lucro que alimentan las grandes corporaciones, la salud se ha transformado cruelmente en pura mercancía, un producto mercantil solo al alcance de las personas pudientes y, por ende, con demasiada frecuencia inasumible para el resto de estadounidenses. A este respecto, sabemos que muchas mujeres embarazadas de raza negra se han visto obligadas, al carecer de seguro privado y no disponer de los medios para costear su ingreso hospitalario, a dar a luz en los aparcamientos situados frente a la puerta de los hospitales que les negaron la entrada. Otro tanto sucede con las ciudadanas pobres, también de raza negra, a quienes se niega —pese a contar con un seguro privado— el tratamiento que piden porque el personal del hospital presupone que mienten acerca de su cobertura médica.

Veamos algún ejemplo. Sharon Ford, una joven negra que recibía asistencia social en la zona de la bahía de San Francisco, dio a luz a un bebé sin vida después de que hasta dos hospitales distintos le negaran el acceso (y eso que contaba con un seguro médico). La joven, cuyo embarazo atravesaba graves complicaciones, buscó tratamiento en el hospital más próximo a su domicilio. Pero, cuando informó en la recepción de que disponía de seguro sanitario, el personal del centro la derivó a otro hospital distinto (el que le correspondía, según le dijeron), haciendo caso omiso de su gravísimo estado, que exigía una intervención de urgencia. En el segundo hospital alegaron que no aparecía el nombre de la joven en la base de datos de su seguro, así que la remitieron hacia un tercer centro —conocido en la zona como el «hospicio de pobres»—. Con todo ese trasiego, transcurrieron tres horas, de tal modo que, cuando finalmente fue atendida por los médicos del tercer hospital, el bebé ya había muerto. Para poner la guinda a este escabroso asunto, tiempo después se descubrió que la compañía donde la joven tenía la póliza se había demorado al entregar la lista de asegurados. En ella aparecía, por supuesto, el nombre de Sharon Ford. Pues bien, aunque esta sea la historia de una sola mujer negra, no debemos engañarnos: situaciones así se producen con frecuencia. De hecho, es sintomática de las terribles derivas que afectan al sector sanitario.

Si tenemos en cuenta que, a lo largo de los últimos años, multitud de programas diseñados para mejorar la situación de los desfavorecidos —por infructuosos que sean— se han venido suprimiendo o recortando, la accesibilidad a los servicios sanitarios se ha convertido en un problema especialmente acuciante. El principal obstáculo para la salud de las mujeres negras no es otro que la pobreza, y durante los años de Reagan en el Gobierno nuestras comunidades no han dejado de empobrecerse cada vez más. Así, el número de personas en situación de pobreza ha aumentado en más de seis millones, y según el Comité Especial de Médicos contra el Hambre, hasta veinte millones de estadounidenses han sufrido carestía de alimentos. Una consecuencia nefasta de la pobreza es la desnutrición; no en vano, una plétora de enfermedades se deriva de la falta de un sustento adecuado. La desnutrición, capaz de causar trastornos como la anemia materna o la toxemia, que puede resultar mortal para una mujer embarazada, también está relacionada con los partos prematuros y la mortalidad infantil.

La pobreza, asociada a tasas más elevadas de enfermedades crónicas como cardiopatías, artritis y diabetes, hace a sus víctimas más susceptibles de sufrir hipertensión, cáncer de pulmón, estómago y esófago. A partir de datos como estos, los responsables del Proyecto Nacional de Salud para las Mujeres Negras han señalado que, aunque la proporción de estas mujeres que sufre cáncer de mama es inferior al de sus hermanas blancas, los índices de mortalidad sí que son más elevados en el caso de las primeras. Por otra parte, si bien las tasas de cáncer en el cuello uterino han disminuido entre las mujeres blancas, sus cifras han aumentado entre las mujeres negras. Por motivos que resultan evidentes, la pobreza nos vuelve más vulnerables a los trastornos mentales. De todos los colectivos que habitan nuestro país, las mujeres negras tenemos las tasas más elevadas de ingresos hospitalarios en los servicios psiquiátricos. Además, los grupos activistas del ámbito sanitario denuncian que la mayoría de las mujeres negras adultas viven en un permanente estado de estrés psicológico.

Dos de cada tres adultos pobres son mujeres, y el 80% de las personas pobres de Estados Unidos son mujeres y niños. Esto significa que las mujeres representan la mayoría de los beneficiarios de muchos programas sanitarios y nutricionales financiados por el Gobierno federal. Por otro lado, como las mujeres negras se encuentran enormemente sobrerrepresentadas entre los destinatarios de estos servicios sociales, podemos concluir que ellas han sido las más perjudicadas por los recortes gubernamentales. Cuando se produjeron los recortes en el Programa de Ayudas para Familias con Hijos Dependientes, la mayoría de las mujeres que perdieron sus prestaciones también se quedaron sin cobertura médica. Por su parte, los recortes federales impuestos a la Financiación Global de los servicios Materno-Infantiles desembocaron, en casi todos los estados del país, en la reducción de los servicios ofrecidos en este tipo de clínicas, así como la reducción del número de personas con derecho a recibir este tipo de cuidados. Como consecuencia, casi un millón de personas, en su mayoría niños y mujeres en edad fértil, perdieron el derecho a recibir atención médica en los centros de salud públicos. Esto significa, por ejemplo, que hoy menos mujeres negras reciben cuidados prenatales, un hecho que tiene implicaciones terribles, ya que los bebés nacidos sin haber recibido tales cuidados tienen hasta tres veces más probabilidades de morir en los primeros años de vida que los de aquellas madres que sí han sido atendidas antes del parto. Al mismo tiempo, la financiación federal destinada a los abortos ha quedado virtualmente suprimida —lo que no ha impedido, en cambio, que el Gobierno siga costeando los tratamientos quirúrgicos de esterilización—. En procesos como este nos topamos con un círculo vicioso, pues se lleva cada vez más a la gente hacia unas condiciones donde la mala salud se torna inevitable. De este modo, atrapadas en un atolladero donde el racismo, el machismo y la injusticia económica se solapan, las mujeres negras se han visto obligadas a soportar todo el peso de este complejo andamiaje represivo.

Las mujeres afroamericanas tienen el doble de probabilidades que las mujeres blancas de morir por culpa de enfermedades cardiovasculares, y presentan una tasa de hipertensión arterial tres veces superior a la de sus hermanas más acomodadas. Al mismo tiempo, la mortalidad infantil entre los negros duplica la de los blancos, mientras que la mortalidad materna es tres veces superior a la de estos. El lupus es tres veces más frecuente entre las mujeres negras que entre las blancas —tal vez por ello los fondos orientados a descubrir una cura para esta enfermedad siguen siendo tan extremadamente escasos—. Por añadidura, mueren más mujeres negras que blancas debido a patologías como cáncer o diabetes.

Este ciclo de opresión es, en gran medida, responsable de que demasiadas mujeres negras recurran a las drogas como medio de aliviar —por ineficaz que acabe resultando— los padecimientos ligados a la pobreza. Debido al elevado consumo de drogas intravenosas en nuestra comunidad, un número desproporcionadamente elevado de mujeres negras se ha contagiado de sida. Aunque las creencias populares aún invitan a pensar que el sida es, principalmente, una enfermedad propia de hombres blancos homosexuales, lo cierto es que es más probable que los varones afroamericanos y latinos la contraigan. Esta conclusión es válida no solo entre los gais, sino también entre los consumidores de drogas intravenosas, las parejas heterosexuales y los menores de edad. Los hombres negros y latinos tienen 2,5 veces más probabilidades de contraer el sida que los blancos. Por lo que atañe a las mujeres latinas, esta probabilidad es nueve veces mayor que en el caso de las blancas. Pero, sin duda, el dato más terrorífico corresponde a las mujeres negras, que tienen hasta doce veces más probabilidades de contraer este virus que las blancas.

Hay cuatro veces más muertes por homicidio entre las mujeres negras que entre las blancas. Mientras tanto, y con el beneplácito del Gobierno de Reagan, se han ido cerrando hospitales en los que se atendía principalmente a gente pobre de raza negra, incluidos varios centros de salud que contaban con excelentes unidades de traumatología diseñadas para tratar a las víctimas de violencia. Tal fue el caso del hospital Homer G. Phillips de San Luis, el mayor hospital universitario para estudiantes negros de nuestro país. Así, aunque por término medio en Estados Unidos haya un médico por cada mil quinientas personas, en el distrito de Harlem Central esta cifra se hunde hasta las cuatro mil quinientas personas por médico.

Una declaración emitida por la Asociación de Salud Pública de la ciudad de Nueva York un año después de que Reagan llegara al poder denunciaba lo siguiente:

> La salud de los neoyorquinos corre serio peligro por culpa de los recortes vigentes, a los que ahora se suma la amenaza de restar financiación al conjunto de servicios sanitarios y centros de atención

médica. Seremos claros para que no haya malentendidos: estamos hablando de bebés fallecidos cuyas muertes se podrían evitar; de niños y adultos gravemente enfermos cuyas patologías no eran incurables; de personas ancianas sumidas en la miseria cuyas pobres condiciones son bastante mejorables. Las situaciones a las que nos referimos son inimaginables para un Estado tan rico como el nuestro, cuyos ciudadanos merecen algo mejor. Culpamos a la incompetencia y la perfidia de nuestros dirigentes —federales, estatales y locales— por unas condiciones que están acabando con personas inocentes y que costarán la vida a muchas más en el futuro. Por todo ello, exigimos de inmediato una inyección masiva de fondos federales y estatales que permitan reparar y reforzar los servicios sanitarios. Solo una medida como esta nos permitirá evitar que el colapso de la salud pública ponga de manifiesto el trágico coste humano y económico de semejante abandono.[33]

Dejando a un lado Sudáfrica, Estados Unidos es el único gran país del mundo industrializado que carece de un plan consistente de sanidad pública. Sin embargo, aunque nuestro país necesita con urgencia este tipo de asistencia sanitaria, llevamos tiempo asistiendo a una tendencia creciente hacia la privatización de los servicios médicos. Como bien señaló una voz crítica no hace mucho tiempo, el principio rector de la administración Reagan se basa en priorizar «los beneficios por encima de las personas; la codicia antes que la necesidad; y la riqueza antes que la salud».[34]

Al promover la privatización de la atención sanitaria, el Gobierno ha dado prioridad a los intereses lucrativos de los grandes monopolios, permitiendo con ello que las necesidades

33 A. Gartner, C. Greer y F. Riessman, *What Reagan Is Doing to Us*, Harper and Row, Nueva York, 1982, p. 50.

34 *Ibidem*, p. 48.

sanitarias de los desfavorecidos —y, en especial, de las mujeres negras más empobrecidas— sean pisoteadas e incluso, llegado el caso, ignoradas por completo. Los hospitales regidos por el ánimo de lucro a menudo se niegan en redondo a tratar a estas pacientes pobres (que, con frecuencia, carecen de seguro) y cultivan la censurable práctica de «endilgar» a los hospitales públicos los pacientes sin cobertura privada, incluso cuando necesitan algún tratamiento urgente. Este fue, en el fondo, el desgraciado destino de Sharon Ford, cuyo bebé se acabó convirtiendo en una de las muchas víctimas mortales de un proceso que antepone los beneficios empresariales a las necesidades sanitarias de los seres humanos.

Dado que los servicios de urgencias hospitalarias son uno de los principales ámbitos de asistencia médica para las personas negras, la deriva privatizadora está teniendo un impacto especialmente devastador sobre esta comunidad, por no hablar de cómo afecta a las mujeres negras en particular. En 1983, solo el 44,1% de los afroamericanos se pudo permitir visitar a un médico en su consulta privada. Al mismo tiempo, apenas el 26,5% de las personas que integran este colectivo acudió, en algún momento, a los servicios de urgencias de un hospital público, mientras que el 9,7% recibió tratamiento en algún ambulatorio. Si comparamos estas cifras con las de la población blanca, observamos que el 57% de los pacientes blancos recibió atención sanitaria en clínicas privadas, mientras que el 13% ingresó en los servicios de urgencias y el 16% hizo uso de los ambulatorios.

El grado en que las corporaciones privadas amenazan con monopolizar los servicios de salud salta a la vista si atendemos al hecho de que la Corporación Hospitalaria de Estados Unidos, que hasta 1968 controlaba tan solo dos hospitales, es dueña ahora de casi quinientos centros, lo que la convierte en un actor dominante dentro del negocio hospitalario. Otras corporaciones de este tipo corresponden a nombres como Cigna, American Medical International y Humana. Los trabajadores del ámbito sanitario —la mayoría de los cuales son mujeres que ocupan puestos muy mal pagados— también han sufrido esta tendencia privatizadora, ya que la adquisición de hospitales públicos por parte de empresas ha dado lugar con frecuencia al desmantelamiento de los sindicatos y a la consiguiente congelación de salarios y recortes de prestaciones.

> Los únicos que se benefician de un sistema de salud basado en la competencia son los ricos —pues así la asistencia sanitaria de los pobres les sale más barata— y los prestatarios de dicha atención privada, que acaparan, de este modo, a nuestros profesionales más selectos mientras hacen oídos sordos a los problemas reales de una sanidad pública cada día más precarizada y venida a menos. Lo que tenemos delante es solo un ejemplo más de la política básica de Reagan de servir a los ricos, escondida en un caballo de Troya apodado «contención de costes», «desregulación» y «libre elección».[35]

Es evidente que las mujeres afroamericanas nos jugamos mucho cuando reclamamos un plan nacional de salud pública que sea universal y goce de financiación adecuada por parte del Gobierno federal. Necesitamos contar con programas sufragados que hagan honor a los enormes avances progresistas conseguidos en los últimos tres lustros por el movimiento en favor de la salud de las mujeres; programas que hagan hincapié en la prevención, la autoayuda y la capacitación.

Uno de los principales obstáculos para el desarrollo de un plan nacional de salud es, precisamente, la insoportable

35 *Ibidem*, p. 46.

presión que ejerce nuestro Gobierno —en especial, por culpa del disparatado presupuesto militar— sobre todos los programas sociales que benefician a la gente pobre, y a la gente de color más en particular. Desde 1980, el presupuesto militar se ha duplicado con creces, detrayendo cerca de cien mil millones de dólares de unos programas sociales que desde el principio ya estaban infradotados. Solo entre 1981 y 1986, el Gobierno dilapidó un billón y medio de dólares en programas militares. A este respecto, un informe conocido como *El presupuesto de las mujeres,* publicado por la Liga Internacional de Mujeres por la Paz y la Libertad, señala lo siguiente:

> El gasto del Departamento de Defensa en 1986 ascendió a la friolera de 292.000 millones de dólares, pero los costes reales del ejército durante ese mismo año superaron los 400.000 millones de dólares, si tenemos en cuenta ciertos costes sumergidos (tales como las prestaciones para nuestros veteranos, la adquisición de cabezas nucleares —por cuenta del Ministerio de Recursos energéticos— y las primas de interés vinculadas con la deuda nacional atribuible a dispendios militares anteriores).[36]

Los recortes presupuestarios que han ido mermando nuestra sanidad y otros servicios sociales no son, hablando con propiedad, recortes sin más, sino que consisten en un trasvase de fondos desde el presupuesto civil al militar. En lugar de proporcionar a las personas más pobres cupones de alimentos adecuados, nuestro Gobierno regala gigantescos contratos de defensa al puñado de empresas que conforman el

36 *The Women's Budget* [*El presupuesto de las mujeres*], publicado por la Liga Internacional de Mujeres por la Paz y la Libertad (WILPF, según sus siglas en inglés), 1986, p. 3.

colosal complejo bélico-industrial. Para agravar la situación, cuarenta y cinco de los cien principales contratistas estatales en materia de defensa que recibieron más de cien mil millones de dólares mediante adjudicaciones en 1985 acabaron siendo objeto de una investigación penal.[37]

Si examinamos con lupa las fuerzas políticas responsables de violar los derechos sanitarios de las mujeres negras, salta a la vista que la creciente militarización de nuestra economía tiene gran parte de culpa. Además, las políticas que orientan los recursos sanitarios para las mujeres negras también están directamente influidas por el cuestionamiento de la democracia que sufre nuestro país, un asedio que alcanzó su punto álgido durante el periodo Reagan. No es casualidad que un Gobierno que saboteaba los derechos de todos los ciudadanos estadounidenses permitiendo el desarrollo de una junta secreta controlada por la Agencia Central de Inteligencia y el Consejo de Seguridad Nacional también vulnerara gravemente los derechos sanitarios de las mujeres negras y del conjunto de personas pobres.

Los procesos judiciales del escándalo Irangate mostraron hasta qué punto nos dirigíamos de forma vertiginosa hacia un Estado policial. Los agentes de la CIA implicados en este escabroso juicio malversaron fondos públicos y privados para apoyar a las fuerzas más reaccionarias del mundo, desde los órganos represores de Nicaragua hasta la UNITA de Angola, apoyada por Sudáfrica. Además, estuvieron implicados en el tráfico de armas y drogas, atentados, asesinatos e intentos de derrocamiento de Gobiernos elegidos democráticamente.

Durante el periodo Reagan, el poder ejecutivo estuvo marcado por la insidiosa presencia de directivos y cuadros

37 *Ibidem.*

militares de alto rango. De este modo, nuestros gobernantes rindieron pleitesía a los oligopolios mientras, con la otra mano, practicaban las belicosas políticas que les venían dictadas por los militares. En virtud de este *modus operandi,* mientras orquestaban guerras sin cuartel en diversas regiones del mundo, libraban también otra guerra interna contra los pobres de nuestro país, en cuyo frente impusieron los recortes del sistema sanitario que tanto han perjudicado a las mujeres negras.

El nombramiento, realizado por Reagan en 1987, del ultraconservador Robert Bork para el Tribunal Supremo fue una ofensiva más contra el bienestar de las mujeres negras (y del resto de personas que padecen el racismo, la homofobia y la explotación laboral). Como describió de forma rotunda el senador Edward Kennedy, «la América de Bork es una tierra en la que las mujeres se verían obligadas a abortar en sucios callejones, los negros se tendrían que sentar en la esquina segregada de la barra del bar, [y] los policías corruptos se permitirían el lujo de reventar la puerta de cualquier ciudadano en plena noche…». Por suerte, las fuerzas progresistas se unieron y lograron bloquear la ratificación del infame juez Bork para el Tribunal Supremo.

Gracias al éxito de campañas progresistas como esta, así como al importante trabajo de organizaciones como el Proyecto Nacional para la Salud de las Mujeres Negras, se pueden extraer lecciones valiosas (en especial, para aquellas personas que nos preocupamos por poner remedio al deplorable estado de nuestro sistema de salud). Debemos aprender a enmarcar constantemente nuestras batallas en favor de una asistencia sanitaria universal y gratuita dentro de unos contornos sociales y políticos más amplios. Debemos reconocer la importancia de alzar la voz para oponernos a fuerzas tan retrógradas como la de Robert Bork y el rancio conservadurismo que este representa. Precisamente por eso, también debemos sumarnos al movimiento contra el *apartheid* y mostrar solidaridad con nuestras hermanas y hermanos de Sudáfrica, que no solo sufren los efectos nocivos de una asistencia sanitaria negligente, sino que además son asesinados cada día a sangre fría por su Gobierno. Debemos impedir a toda costa que nuestros gobernantes sigan usando el Congreso para financiar estas fuerzas represivas. No debemos permitir que nuestros queridos nicaragüenses, cuyo tesón revolucionario ha logrado que todos sus compatriotas dispongan de asistencia sanitaria igualitaria, sean derrotados.

Y, por encima de todo, mientras luchamos en pos de tan grandes objetivos, celebremos también nuestros logros más pequeños. Por eso, al igual que recurrí a las sabias palabras de Audre Lorde para abrir este discurso, me gustaría concluirlo con el siguiente pasaje, extraído de su libro *A Burst of Light:*

> Luchar contra el racismo, o contra la homofobia, o contra el *apartheid* son metas que, en lo más hondo de mí, gozan de la misma urgencia que plantarle cara al cáncer. Ninguna de estas batallas es fácil. ¡Alegrémonos incluso por las victorias más nimias! Pues lo más fácil del mundo es no mover nunca un dedo y resignarnos más tarde, creyendo que todo es inevitable.[38]

38 A. Lorde, *A Burst of Light,* Firebrand Books, Ithaca, 1988, pp. 116-17.

LA PAZ TAMBIÉN CONCIERNE A NUESTRAS HERMANAS: LAS AFROAMERICANAS Y SU CAMPAÑA CONTRA LA GUERRA NUCLEAR[39]

Como mujeres negras que somos, nos sobran las razones para enorgullecernos de la sólida tradición de activismo forjada por nuestras antepasadas tras muchas generaciones de militancia. Desde su fundación en 1975, el Foro de Mujeres Negras de Los Ángeles no ha dejado nunca de apuntalar y poner al día este legado. Del mismo modo que nuestras tatarabuelas depositaron su confianza en el luminoso liderazgo de mujeres como Ida B. Wells y Mary Church Terrell, que hicieron cuanto estaba en su mano por erradicar el terror de los linchamientos durante los primeros compases del siglo, hoy admiramos a la actual presidenta de esta organización, Maxine Waters, por plantar cara de forma implacable a los linchadores, explotadores y militaristas del presente.

En 1985, tuve el privilegio de escuchar a Maxine Waters pronunciar el discurso medular de un evento organizado por el Congreso Político Nacional de Mujeres Negras. En su alocución, Maxine nos recordó una dura realidad: que solo una mujer negra había ocupado hasta entonces los escaños del

39 Discurso pronunciado ante el Foro de Mujeres Negras (Black Women's Forum) de Los Ángeles el 16 de noviembre de 1985.

Congreso, de modo que nos instó a trabajar con ahínco para lograr, al menos, que otras tres mujeres negras llegaran a la cámara en las elecciones de 1986. Y así fue: Cardiss Collins, candidata por Illinois, Kay Hall, por Indiana, y Jan Douglass, por Georgia, confirmaron el pronóstico. Pues bien, aunque al escucharla yo compartía por completo su lectura del momento, no pude evitar pensar que si Maxine hubiera sido elegida congresista, Ronald Reagan y sus secuaces las habrían pasado mucho más canutas a la hora de ejecutar sus abyectos planes. Y es que hablar de Waters es hacerlo, sin duda, de una las más grandes figuras políticas de nuestro tiempo; hablamos de una mujer que no entiende la política como un simple medio para auparse en su carrera, sino como un espacio destinado a la defensa irredenta de todas las personas que padecen injusticias en nuestra sociedad, vengan de donde vengan. Maxine Waters es una bendición para las mujeres afroamericanas que soñamos con superar algún día toda forma de opresión, en este país y en el resto del mundo. Pese a todo, no basta con enorgullecerse al ver que una mujer de estas características defiende nuestras causas como asambleísta desde Sacramento y como líder política a escala nacional. Además, debemos estar dispuestas a secundar todas sus iniciativas. Debemos acompañarla cada vez que se enfrente a los racistas, los supremacistas masculinos, los partidarios del *apartheid,* los rompesindicatos y los militaristas que actualmente dirigen nuestro país.

La década de 1980 se ha caracterizado por una alarmante erosión de las victorias obtenidas en el campo de los derechos civiles; una serie de avances alcanzados tras décadas de extraordinarias luchas y enormes sacrificios. Aunque algunas de nosotras sintamos, en ocasiones, que hemos vislumbrado ya la cima de lo posible y que vivimos en el sueño imaginado por Martin Luther King, lo cierto es que buena parte de nuestra comunidad sufre hoy más que nunca. No en vano, nuestros puestos de trabajo se están haciendo añicos de forma vertiginosa con el cierre de las fábricas, al tiempo que áreas clave de la economía se robotizan y se militarizan a pasos agigantados. Las mujeres negras seguimos estando sobrerrepresentadas en muchos sectores precarizados (e infrarrepresentadas en otras tantas ocupaciones mucho mejor pagadas). Las personas negras copamos aún el paro, la cárcel o el corredor de la muerte, y somos las principales víctimas del espantoso aumento en el número de crímenes policiales. Mientras todo esto sucede, nuestro derecho a recibir una buena educación se ha deteriorado peligrosamente, nuestro acceso a la atención sanitaria está a punto de esfumarse, nuestra capacidad para ejercer el derecho al voto —con especial gravedad en el más profundo sur— se enfrenta a la amenaza inminente de mayores restricciones. En lo que supone un apabullante desmantelamiento de nuestros logros sufragistas, alcanzados con tanto sudor y tanta sangre, el Gobierno federal ha detenido hace poco en Alabama a varios activistas que se manifestaban por el derecho al voto en los condados del llamado Cinturón Negro. Sobre estos manifestantes pesan cargos —inventados— de fraude electoral. Por supuesto, se trataba de un ataque sin cuartel contra el legado de Martin Luther King y contra todos aquellos que lucharon a su lado en el campo de batalla por los derechos civiles.

Atravesamos tiempos de un enorme sufrimiento para las personas negras. Sin embargo, cuando reparamos en que estos asaltos a los derechos y las vidas de los afroamericanos vienen acompañados —de manera intimidante— de una proliferación de discursos machistas y ataques contra los trabajadores (sea cual sea su raza y su procedencia), también descubrimos que no estamos solos en nuestras tribulaciones. Además, otro peligro sin precedentes históricos nos une al resto de seres humanos que habitan nuestro planeta: el riesgo de vivir una hecatombe nuclear. Como personas negras, como mujeres negras o como mujeres a secas, tenemos la obligación de afianzar nuestros vínculos con el pacifismo, pues tan solo la esperanza que este intenta promover nos ayudará a legar un futuro a nuestros hijos. En este sentido, debemos reflexionar inevitablemente acerca de lo poco que nos hemos implicado, hasta la fecha, en este movimiento. Movidas por nuestro deseo de paz, rectifiquemos.

Ya no podemos permitirnos el lujo de asumir que la paz solo concierne a los blancos. ¿Cómo podríamos, en pleno uso de conciencia, desentendernos de la lucha por la paz cuando esta se encuentra en peligro por culpa de bombas nucleares que no distinguen de razas? E incluso, si fuera concebible que la lluvia radiactiva pudiera programarse de forma selectiva —que matara a algunos y perdonara la vida a otros—, os puedo garantizar que el militarismo de nuestro país ya se encargaría de que los negros fueran sus primeras víctimas. ¿De qué servirían, entonces, la victoria en nuestras luchas contra el racismo o las ayudas prestadas a nuestros hermanos y nuestras hermanas de Sudáfrica para derrocar el régimen de Botha, si, a fin de cuentas, la hecatombe nuclear arrasaría con todo a su paso? La paz, hermanas y hermanos míos, también es algo que concierne a la comunidad negra. Y negarnos a aceptarlo podría costarnos la vida.

Nuestra historia como afroamericanos debería volvernos especialmente sensibles a las cuestiones vinculadas con la paz, pues desde los tiempos de la trata de esclavos hemos sido objeto de agresiones militares por parte de unas elites blancas ansiosas de beneficios y sedientas poder. Nosotros, más que nadie, deberíamos comprender que la paz no es un estado abstracto, sino que es inseparable de nuestra capacidad para alcanzar la justicia racial, sexual y económica. Por eso, cuando hablamos de paz, también debemos hablar de libertad.

Conviene recordar lo mucho que los negros anhelábamos la paz durante la Segunda Guerra Mundial. Pero también sabíamos que esta no se lograría sin derrotar antes al fascismo alemán y al salvajismo nipón. Es más, éramos conscientes de que una paz duradera exigía asimismo derrotar al racismo en nuestra tierra. Por poner un ejemplo, en 1934, una aparcera negra de Alabama llamada Capitola Tasker asistió en París a una conferencia internacional de mujeres que deseaba alzar la voz contra el fascismo alemán y alertar contra una guerra inminente. Esta ciudadana se desplazó hasta París para dejar constancia del ferviente rechazo de su pueblo hacia Hitler, pero no perdió ocasión para gritar alto y claro que los pueblos del mundo también debían conocer otro terror fascista: aquel impuesto sobre las personas negras en Estados Unidos. Así, describió con detalle los linchamientos y las matanzas colectivas perpetradas en el sur, crímenes que comparó —haciendo gala de una viva persuasión— con la amenaza del terror nazi en Europa. Hoy, hermanas y hermanos míos, deberíamos seguir el ejemplo de esta pionera y exponer los vínculos que existen entre las amenazas para la paz mundial que promueve el Pentágono y el incesante aumento de las agresiones cometidas contra nuestra gente.

Si todavía es cierto —como afirmó en su día Martin Luther King— que «una nación que destina más fondos al gasto militar que a financiar sus programas de mejora social se encamina a una muerte espiritual», entonces podemos concluir que nuestro país ha muerto varias veces desde la llegada de Reagan al Gobierno. En sitios como Chicago, los jóvenes negros sufren de enfermedades derivadas de la malnutrición similares a las que afectan a los niños de las zonas azotadas por la hambruna en África; y, aun así, el Gobierno ha abolido sin más los programas públicos de almuerzo y desayuno en el ámbito escolar para ofrecer a cambio, a los fabricantes de armamento, una fuente inagotable de dinero.

Pero ¿quiénes pagan las facturas del Pentágono? En realidad, no son las enormes empresas con las que se firman esos exorbitantes contratos militares. De hecho, algunos de los mayores contratistas militares de nuestro país no pagan ni el más mínimo impuesto federal sobre la renta. Sin ir más lejos, empresas como Lockheed, General Electric, Boeing y General Dynamics no pagaron impuestos entre 1981 y 1983, a pesar de que sus beneficios conjuntos para aquel periodo alcanzaron la suma de diez mil millones de dólares. Algunos de estos magnates consiguieron incluso que el Gobierno les devolviera dinero. Así que, a este respecto, digamos las cosas claras: quienes mantenemos los sueldos del Pentágono somos las personas como tú y como yo. En concreto, más de sesenta céntimos de cada dólar abonado cuando llega la renta van directos al Pentágono. Esto significa que una persona que gane veintidós mil dólares al año le habrá regalado, entre 1985 y 1989, más de un año entero de su salario al Pentágono. ¡Y todo ello para fabricar más y más misiles MX, Trident y Crucero, por no hablar de las investigaciones y los tejemanejes de la llamada Iniciativa de Defensa Estratégica, popularmente conocida como la Guerra de las Galaxias!

A medida que nuestra economía se militariza sin parar, se destruyen también puestos de trabajo. El creciente grado de militarización económica es, hoy, una de las principales causas de desempleo y explica también los escandalosos niveles de paro registrados entre la población negra. Las estadísticas de la Oficina de Empleo muestran que, por cada mil millones de dólares gastados en armamento, tan solo se generan veintiún mil empleos en el sector militar —algo que hay que lamentar, ya que un gasto similar daría lugar a una media de veinticinco mil empleos civiles, cifras que ascienden hasta los cincuenta y cuatro mil puestos de trabajo en el caso de los hospitales, y hasta los setenta y dos mil empleos en el sector educativo—. La población negra, y las mujeres negras en particular, ocupadas con frecuencia en los ámbitos de la salud y la educación, se ven especialmente perjudicadas por esta deriva económica. Además, si tenemos en cuenta que miles de millones de dólares se desvían cada año del sector civil al militar y que solo el 1% de las mujeres empleadas ocupan algún puesto en las fuerzas armadas o en la industria armamentística, podremos comprender el devastador impacto de dinámicas como esta sobre nuestra estabilidad económica.

La Liga Internacional de Mujeres por la Paz y la Libertad señala algunas de las conclusiones concretas que se pueden extraer a partir de las disparatadas prioridades de nuestro Gobierno. Así, sin ir más lejos, la producción y el despliegue de cincuenta y siete misiles MX cuesta a los contribuyentes siete mil millones de dólares. Si tomáramos ese dinero y lo destináramos a financiar los servicios sociales, podríamos no solo reparar los recortes producidos sino, de hecho, ampliar la financiación del programa de Ayudas para Familias con Hijos Dependientes. Del mismo modo, con los mil millones necesarios para reacondicionar dos acorazados de la Segunda Guerra Mundial, podríamos ofrecer ayuda de emergencia a las personas sin hogar. Y con los mil millones de dólares que se necesitan para fabricar cuatrocientos tanques

M-1, se podrían subvencionar los medicamentos recetados a siete millones y medio de ancianos. Por último, con quinientos millones de dólares más —cifra que equivale al coste de un triste bombardero B-1 (de entre los cien previstos)—, se podrían enviar vacunas y suministros sanitarios básicos a cincuenta millones de niños de Asia, África y América Latina.

Curiosamente, los medios de comunicación han atribuido las recientes propuestas de desarme emitidas por la Unión Soviética a la supuesta necesidad que tendría este país de frenar su producción militar para ofrecer más bienes y servicios a su población, que supuestamente padece los efectos de una economía enferma. Pues bien, si existe una economía que cabe calificar de enfermiza, esa sería la nuestra. Y es que, si algún Gobierno del mundo necesita poner freno al derroche militar para atender mejor las necesidades de su pueblo, ese es el Gobierno estadounidense. ¿Qué tiene de malo que la Unión Soviética quiera reducir la producción militar para construir más viviendas, proporcionar una mejor asistencia sanitaria y afianzar la educación de su pueblo? Eso es lo más sensato que se puede hacer.

Muchas de nosotras estamos emparentadas con las corrientes masivas que impugnan el *apartheid.* Sin embargo, a menudo tendemos a olvidar que Sudáfrica es una potencia nuclear en ciernes. De hecho, si algún día estallara una guerra nuclear, la chispa podría saltar en conflictos como aquellos que perduran todavía en Sudáfrica, América Central u Oriente Próximo.

En los últimos años, algunas personas negras me han confesado que están ya cansadas de salir a la calle y de sumarse a unas manifestaciones que les parecen pasadas de moda. ¡Hermanas, no podemos permitirnos dejar de manifestarnos!

Las protestas masivas no quedarán obsoletas hasta el día en que alcancemos la igualdad, la justicia y la paz. Debemos alzar la voz e imponer nuestras reivindicaciones con toda la valentía y la determinación de que seamos capaces. ¡La paz también nos concierne, hermanas mías!

UN SUEÑO HECHO PEDAZOS: LA FAMILIA NEGRA EN PLENA CRISIS DEL CAPITALISMO[40]

Sabe Dios que Walter Younger tenía un montón de defectos: era tozudo, mezquino, algo bruto al tratar con las mujeres… Tenía muchas cosas malas. Pero quería a sus hijos con locura. Siempre hizo cuanto pudo por legarles lo que fuera, por sacarlos adelante. Había ciertas ocasiones en que al grandullón de Walter se le humedecían los ojos, reclinaba la cabeza y sentenciaba: «Parece como si Dios hubiera dado a los negros poco más que sueños; pero, si se mira bien, el Señor nos dio los hijos para lograr que esos sueños también merezcan la pena».

LORRAINE HANSBERRY, *A Raisin in the Sun*[41]

En todas las culturas del planeta, los niños encarnan las promesas de riqueza —tanto materiales como espirituales— que sus progenitores no han podido alcanzar. En este sentido, la cultura afroamericana no es ninguna excepción y, tal como señala el citado personaje de Lorraine Hansberry, los niños

40 Escrito en colaboración con Fania Davis. Dos versiones previas de este artículo vieron la luz, bajo el título «The Black Family and the Crisis of Capitalism» [«La familia negra y la crisis capitalista»], en *Black Liberation Journal*, 9.1 (primavera de 1986), y en *The Black Scholar*, 17.5 (septiembre/octubre de 1986).

41 L. HANSBERRY, *A Raisin in the Sun*, Signet Books, Nueva York, 1966, p. 33.

nos aproximan a esos grandes ideales de progreso que no están al alcance de sus padres. Ya lo decía José Martí: «Los niños son la esperanza del mundo».

Durante los siglos que siguieron al violento rapto de muchos africanos, secuestrados de su madre patria con destino América, los niños han encarnado siempre la preciada promesa de libertad para todo un pueblo. Incluso en los momentos en que los esfuerzos de la población negra por fortalecer y hallar arraigo en sus lazos familiares fueron violentados del modo más cruel, la familia no dejó de ser un importante foco de resistencia para nuestro pueblo, al forjar y preservar un legado vital de lucha colectiva por la libertad. Precisamente por eso, aunque nuestras bisabuelas o nuestros tatarabuelos no tuvieran a su alcance superar la esclavitud, los trabajos forzados o la servidumbre más denigrante, al menos supieron transmitir su sueño de libertad a las generaciones venideras.

Hoy, sin embargo, las vidas y el porvenir de aquellos que han de heredar nuestros sueños están en grave peligro. Según el informe más reciente del Fondo para la Defensa de los Niños, los jóvenes negros tienen hoy muchas más probabilidades de nacer en condiciones devastadoras de pobreza que hace cinco años. Además, tienen el doble de probabilidades que los niños blancos de morir durante el primer año de vida, y el triple de verse relegados a centros de educación reservados a personas con retrasos cognitivos que en el caso de los blancos. Los menores afroamericanos tienen el doble de probabilidades que los menores blancos de criarse en hogares donde ninguno de los padres trabaja, pero también de sufrir el paro juvenil y de crecer en viviendas indignas. Por si esto fuera poco, tienen tres veces más probabilidades que los blancos de perder a sus madres durante el nacimiento. Además, los chicos negros de entre quince y diecinueve años tienen cuatro veces más probabilidades que sus vecinos blancos de terminar encerrados en prisiones y cárceles estatales.[42] Pero la realidad más escalofriante que afecta a la situación de los niños negros es, tal vez, el hecho de que, en algunos de nuestros núcleos urbanos, se han registrado casos de kwashiorkor y marasmo, dos enfermedades vinculadas con la malnutrición habituales en ciertas zonas de África donde la población padece hambrunas rampantes.

Nuestras familias, como es obvio, nunca se han correspondido en estructura y funciones con el modelo social imperante. Esto se debe, en primer lugar, a las tradiciones culturales africanas, cuya noción de familia era —ya de entrada— notablemente más amplia que la practicada en suelo americano; en concreto, el paradigma africano no quedaba limitado a los padres biológicos y sus descendientes. En especial, durante las primeras fases de la presencia africana en América, la preservación de una familia extensa podía considerarse un legado vital. En segundo lugar, las brutales presiones económicas y políticas vinculadas a la esclavitud —que han seguido vigentes en épocas posteriores— han impedido sistemáticamente que los prototipos familiares afroamericanos imitaran los modelos familiares dominantes en nuestra sociedad. Por último, debemos señalar que los negros, sea en tiempos de esclavismo, sea en los que vinieron luego, se han visto obligados a construir por sí mismos —con frecuencia, de forma creativa y a menudo improvisada— una vida familiar acorde con los dictados de la supervivencia. En este sentido, como el modelo de familia afroamericano no casa bien con la norma, se ha definido siempre en base a un supuesto carácter patológico que tendría la culpa, dicen, de los complejos problemas que

42 Children's Defense Fund [1985:1-2].

afectan a nuestra comunidad —pese a que tales problemas se deben, desde luego, a las prácticas racistas en el terreno social, económico y político—. No se trata, por supuesto, de negar que las familias negras pasen enormes apuros. Pero poner el foco en los problemas familiares como origen de la opresión que sufre la comunidad afroamericana —como si resolver los asuntos familiares bastara para erradicar la pobreza— es incurrir en el argumento falaz de «culpar a la víctima».

El actual desplazamiento ideológico de la culpa, dirigida ahora contra la familia negra, refleja una tendencia más amplia: emplazar la familia en general —representada de forma embustera como un entorno aislado, separado del resto del tejido social— en el foco de graves disfunciones que estarían perjudicando la salud moral de la sociedad estadounidense. Mientras se derrumba la anticuada jerarquía patriarcal de la familia, construida sobre la idea de varones «proveedores» y unas esposas e hijos que les deben el sustento, debido al creciente grado de participación de las mujeres de clase trabajadora en la población activa, los ultraconservadores echan la culpa de tal desastre a cosas como el derecho al aborto o la sanidad infantil, entre otras. Hay quien se atreve a afirmar, incluso, que la homosexualidad amenaza con destruir nuestro entramado familiar. Con este tipo de artimañas intentan desviar la atención pública de algunas de las reivindicaciones más serias del feminismo contemporáneo: la igualdad salarial en puestos equivalentes, la reivindicación de los derechos reproductivos, las bajas por maternidad remuneradas y la puesta en marcha de guarderías sufragadas con dinero público; un conjunto de exigencias cada vez más incompatibles con los oligopolios.

La era iniciada tras la victoria de Reagan en las presidenciales se ha caracterizado, hasta el momento, por el renovado intento propagandístico de considerar la ruptura del modelo familiar propio de la gente negra responsable de la erosión del bienestar material de nuestra comunidad. Por ejemplo, con frecuencia se dice que casi la mitad de las familias afroamericanas se estructuran en torno a mujeres solteras, y que el 55% de los bebés negros se encuentran al cuidado de madres solteras, un número considerable de las cuales son, además, menores de veinte años.

La administración Reagan pretendió hacernos creer que el sistema de seguridad social era el mayor culpable del derrumbe de tales estructuras familiares. Visto así, la solución pasaba por recortar los fondos de programas federales y poner al servicio del Estado la mano de obra de las personas que recibieran ayudas públicas, además de implantar programas destinados a llamar al orden a los padres ausentes y obligarlos a pagar la manutención de sus hijos.

Al hilo de estas ideas, un economista de perfil conservador asegura que el sistema de seguridad social fomenta la dependencia de las mujeres con respecto a los subsidios que les ofrece el Gobierno y desvía la atención de los hombres de la búsqueda activa de empleo:

> En la cultura del bienestar, el dinero ha dejado de ser algo conquistado por los hombres mediante el trabajo duro para convertirse en un mero derecho conferido a las mujeres por el Estado. El lloriqueo y las quejas han desbancado a la disciplina o al tesón como fuentes de remuneración. Así, hoy los jóvenes se crían colocándose al amparo femenino mientras ellas buscan la hombría en los ambientes machistas del bar o de la esquina (poblados por tipos que encarnan la paternidad del modo más irresponsable).[43]

43 Gilder [1981:115].

Además, Gilder considera que el programa de Ayudas para las Familias con Hijos Dependientes

> ofrece unos ingresos garantizados a cualquier pareja de Estados Unidos que esté dispuesta a romper su relación al día siguiente, o a cualquier cría adolescente mayor de dieciséis años que no tenga reparos en dar a luz un hijo ilegítimo.[44]

Robert B. Carleson, asesor de Reagan para el desarrollo de políticas públicas, abundó en argumentos similares al responsabilizar a los programas sociales puestos en marcha por Gobiernos anteriores del creciente número de hogares monoparentales a cargo de mujeres. Además, afirmó que el principal problema de esta situación radica en la incapacidad de la comunidad negra para formar núcleos familiares estables. Lo que venía a sugerir, por supuesto, es que la comunidad negra se encuentra moralmente desincronizada con el resto de la sociedad estadounidense. Sin embargo, las estadísticas muestran que la gran mayoría de los hogares al cuidado de mujeres no se deben a la voluntad de estas últimas de permanecer solteras, sino a la ruptura de matrimonios con hijos. Del total de mujeres sin pareja que se encuentran al cuidado del hogar, solo una cuarta parte nunca han estado casadas. Del resto, el 28,7% siguen estando casadas pero con un cónyuge ausente, el 22,2% son viudas y el 21,9% están divorciadas.[45] ¿Acaso la retirada de las ayudas sociales será capaz de resucitar padres muertos, anular divorcios o conseguir que los maridos desempleados regresen con sus mujeres y sus hijos? ¿En qué nos ayudaría liquidar estos subsidios a la

44 *Ibidem,* p. 123.
45 National Urban League, *State of Black America,* Nueva York, 1985, p. 2.

hora de ofrecer a nuestros adolescentes una buena educación sexual y poner a su alcance medidas anticonceptivas seguras, eficaces y accesibles? Esta última pregunta es de vital importancia, ya que la tasa de natalidad entre las adolescentes negras sin pareja disminuyó durante la década de 1970, un dato que refuta por completo la creencia mayoritaria, según la cual las adolescentes negras tienen hoy más hijos que nunca. En realidad, lo que ha provocado un número desproporcionado de nacimientos entre las adolescentes solteras es el descenso aún más vertiginoso de la tasa de natalidad entre las mujeres negras casadas y de mediana edad.[46] Estos dos colectivos son mucho más propensos a usar anticonceptivos y a acabar abortando, así como a someterse a intervenciones esterilizantes.

Aunque las tasas relativamente altas de embarazo entre las adolescentes negras son sin duda motivo de alarma, de ahí no debe concluirse que la erradicación aislada de este problema conduciría sin más a una reparación drástica del empobrecimiento que afecta a nuestra comunidad, como señaló James McGhee en su artículo sobre la familia negra, incluido en el informe *The State of Black America* publicado en 1985 por la Liga Urbana:

> No hay nada intrínseco al matrimonio que proporcione unos ingresos familiares más elevados. Los matrimonios formados por personas negras tienen ingresos más altos básicamente por dos razones: porque ambos cabezas de familia suelen formar parte de la población activa y porque los varones suelen tener ingresos medios más altos que las mujeres.[47]

46 *The New York Times*, 20 de noviembre de 1983.
47 National Urban League [1984:4].

El empobrecimiento de las familias negras no desaparecerá como por arte de magia mediante la reducción de la elevada tasa de embarazos entre las adolescentes hasta niveles más manejables. Y es que, por urgente que sea esta problemática, no es ni mucho menos la causa fundamental del deterioro que sufre la situación económica de la comunidad negra. Por el contrario, se trata de un mero síntoma de una crisis estructural profundamente arraigada en la economía monopolista de Estados Unidos, cuyas implicaciones repercuten con mayor intensidad sobre la comunidad afroamericana. No en vano, existe una correlación directa entre las tasas de desempleo sin precedentes registradas entre los adolescentes negros y el aumento de la tasa de natalidad entre las mujeres negras menores de veinte años. Pese a ello, los responsables políticos de la administración Reagan jamás dejaron de culpar a los embarazos adolescentes por las deplorables condiciones que padecemos los negros.

Los teóricos conservadores que expresan su indignación ante la creciente tasa de embarazos entre las jóvenes negras y el consiguiente declive del modelo familiar en nuestra comunidad basan su punto de vista —directa o indirectamente— en manidos y antiquísimos bulos sobre la catadura moral de las mujeres (y los hombres) de nuestra raza. Así, acusan alegremente a los programas gubernamentales de asistencia social de fomentar la impudicia en la comunidad negra. Poco después de que tuviera lugar la Cumbre en torno a la Familia Negra, celebrada en la primavera de 1984, William F. Buckley, Jr. elogió a las organizaciones negras —la NAACP y la Liga Urbana, entre muchas otras— por haber admitido (al fin) que las dificultades de la familia negra afectaban de lleno a toda nuestra comunidad. En un artículo publicado en la *National Review,* Buckley citaba a John Jacob, presidente de la Liga Urbana Nacional, cuando este lamentaba hasta qué punto «nuestra justa indignación contra el Gobierno de Estados Unidos por sus horrendas medidas tal vez nos haya alejado de otra cuestión importante: nuestra obligación de cultivar la autodisciplina y estrechar los vínculos comunitarios». Al mismo tiempo, Buckley reprochaba a la mencionada Cumbre no reconocer «la correlación inversa que existe entre el bienestar social que ofrece el Estado y el nivel de progreso alcanzado por los negros».

> Las pagas de seguridad social no consisten tan solo en un cupón del Gobierno canjeable por alimentos y bajadas de alquiler. También afectan de lleno a nuestra forma de ser. En particular, disuelven los vínculos de lealtad que los varones sentimos, de manera natural, hacia las mujeres que nos dieron hijos, al igual que hacia los vástagos nacidos de un compromiso más endeble cada día.[48]

Hoy son muchas las presiones destructivas a las que se ven sometidas las familias negras. Un buen ejemplo de ellas son las dificultades para ofrecer a sus hijos una educación de calidad, panorama que se agrava con la proliferación de drogas cada vez más a su alcance y con la prevalencia de otros fenómenos antisociales fomentados de manera directa por las instituciones racistas de nuestro país. Aun así, el obstáculo más dañino de todos, en especial entre los jóvenes negros de ambos sexos, es el desempleo generalizado. Los estudios actuales sobre la familia negra señalan que, entre 1960 y 1980, el porcentaje de mujeres negras solteras con hijos aumentó del 21% al 47%, aproximadamente. Sin embargo, lo que rara vez se cuenta es que, durante ese mismo lapso, el porcentaje de

48 *National Review*, 15 de junio de 1984, p. 63.

hombres negros adultos con empleo cayó en picado al pasar del 75% al 55%. Es de sobra conocido que las cifras registradas por el censo gubernamental subestiman los datos de la población negra, lo que significa que probablemente menos de la mitad de los varones afroamericanos de este país cuentan realmente con un puesto de trabajo. Los valores oficiales de empleo no documentado entre los adolescentes negros proyectan una tasa de desempleo del 50%, pero lo cierto es que menos del 20% de estos jóvenes tiene trabajo en realidad. El resto simplemente no se cuenta como parte de la población activa. Además, al desempleo hay que añadir dos síntomas más sutiles: el subempleo y la explotación salarial. De acuerdo con el informe anual publicado por el Fondo para la Defensa de los Niños, si casi la mitad de los menores negros son pobres (frente a uno de cada seis niños blancos) es porque los ingresos medios de sus familias no llegan ni al 60% del que perciben, de media, las familias blancas. De hecho, en 1983, la mitad de las familias negras percibían ingresos inferiores a catorce mil dólares al año.[49]

Aunque las dificultades que ahogan a nuestras familias no deben desestimarse ni por un momento, cualquier estrategia destinada a aliviar la pobreza de los negros que se empeñe en cambiar los modelos familiares sin modificar un ápice las bases socioeconómicas —tales como el desempleo o la precariedad— estará condenada al fracaso más rotundo. A este respecto, en 1965, Daniel Moynihan redactó un informe gubernamental titulado *La familia negra: un objeto de medidas nacionales*. El documento tenía importantes implicaciones estratégicas. Sus páginas trataban de blanquear la decisión del Gobierno de retirar distintas medidas destinadas

49 Children's Defense Fund [1985:19].

a paliar el sesgo racista de una crisis que parecía abocar a la comunidad negra a la pobreza eterna. El verdadero problema, sostenía Moynihan, era la estructura matriarcal sobre la que reposaba el modelo familiar de los negros. En cuanto a los programas gubernamentales, tan solo los que afectaban de lleno a la vida familiar de los ciudadanos negros se juzgaban deseables. Desde este punto de vista, cuanto antes se asimilaran esos tipos de familias al paradigma hegemónico (propio del machismo más paternalista), antes se resolverían problemas como el desempleo, el deterioro habitacional, la educación y la atención sanitaria.

Durante el periodo Reagan, numerosos portavoces oficiales propusieron recortar los programas estatales que aliviaban los apuros de las familias pobres, todo ello bajo la excusa de insuflar nueva vida al modelo familiar biparental en la comunidad negra. En este sentido, al igual que el verdadero objetivo del citado *Informe Moynihan* no era otro que dotar de una base filosófica al cambio de rumbo de las políticas gubernamentales —políticas que, hasta entonces, pretendían erradicar las dinámicas racistas de nuestra sociedad—, la estrategia reaganiana se diseñó expresamente para negar la existencia, tras muchos años de lucha por los derechos civiles, de cualquier factor racista de índole institucional. La propaganda de Reagan se atrevía a asegurar que, si en los años ochenta los negros aún pasábamos apuros, era por culpa de nuestros defectos, y afirmaba que debíamos resolver nuestros problemas sin llamar a la puerta de organismos como el AFDC.

Aunque la Cumbre en torno a la Familia Negra de 1984 no pasó por alto el nocivo impacto de los factores económicos que afectan a nuestra comunidad, sí que puso, en cambio, un mayor énfasis en promover cierta actitud voluntarista. En este sentido, John Jacobs, de la Liga Urbana, declaró que ya era hora de que las personas negras empezáramos a afrontar nuestros problemas con mayor autonomía. «Nos obsesionamos tanto con los males derivados de la discriminación y la pobreza —dijo— que tendemos a olvidar que podemos hacer mucho para poner remedio a los problemas por nuestros propios medios».[50] Así, aunque la mayoría de los asistentes a la conferencia se mostraban (inicialmente) de acuerdo en que era fundamental contar con ayudas del Gobierno, hacia el final del evento se llegó a la conclusión de que era preferible «ayudarse a uno mismo». Este fue el acuerdo alcanzado por los doscientos delegados presentes:

> Las iglesias negras podrían poner en marcha cooperativas de crédito, alentar el ánimo emprendedor de sus fieles, recurrir a sus imprentas para publicar las obras de autores negros e impartir en su parroquia más educación sexual. Los negros acaudalados podrían ofrecer préstamos a ciertas empresas negras. Nuestras organizaciones podrían ir elaborando un registro electoral y orientar a los votantes de cara a las elecciones (al consejo escolar o incluso a la presidencia). Por último, los jóvenes siempre pueden alistarse en el ejército para obtener un empleo y recibir formación profesional.[51]

En un artículo de 1985 publicado en *The New York Times* con el título «Por la recuperación de la familia negra de toda la vida», Eleanor Holmes Norton recalcaba una serie de opiniones que ponían de manifiesto la insidiosa manía de culpar siempre a la víctima. Pues, si bien reconocía el nocivo desgaste que ocasionan la pobreza extrema y el desempleo, también aseguraba que las causas responsables de haber desestructurado

50 *The New York Times*, 7 de mayo de 1984.
51 *Ibidem.*

nuestro modelo familiar eran de distinta índole. «Si los apuros económicos y sociales fueran suficientes para destrozar la vida familiar, esta última nunca habría sobrevivido como unidad básica de la humanidad», sentencia Norton.[52] A su juicio, los verdaderos culpables de semejante derrumbe son hoy nuestro «disipado *ethos*» y nuestro «apego a una cultura autoexcluyente». Además, señala:

> [El] remedio a este desastre no pasa, sencillamente, por cubrir mejor nuestras necesidades y por ofrecernos más oportunidades. Para que la familia recupere su salud de siempre, habrá que dejar atrás la compleja subcultura de los guetos, basada en el «sálvese quien pueda», lo que no solo exige adoptar nuevos planteamientos gubernamentales, sino también cultivar el liderazgo proactivo, la participación y el compromiso entre la población negra.[53]

Por desgracia, con palabras como estas, Norton tan solo consigue reafirmar y sacar brillo a los bulos emitidos por Moynihan en los sesenta. Al fin y al cabo, Norton insta al Gobierno a reforzar los programas de formación y empleo actuales, diseñados para «gente del gueto». Por si esto fuera poco, pide a nuestros gobernantes que dupliquen cuanto antes «el número de programas de inserción que se han mostrado exitosos, como los implementados en Baltimore y San Diego», y sugiere reorientar los programas de asistencia «a cambiar los malos hábitos, así como a impartir habilidades sociales y decoro». La autora insiste en la necesidad de que los «organismos implantados en el gueto» y los ciudadanos negros de clase media con «raíces en las barriadas» pongan en

52 *The New York Times*, 2 de junio de 1985.
53 *Ibidem.*

marcha mecanismos de autoayuda, entre los que se incluye la planificación familiar, el asesoramiento, la educación sexual, las guarderías y, lo que es más importante, la transmisión de los perdurables valores afroamericanos basados en «el trabajo duro, los buenos modales, el respeto por la familia negra y el deseo —aún más valioso cuanto más se nos niegan las oportunidades— de legar a nuestros hijos una vida mejor». Aunque Norton apunta, como era de esperar, que «[el] desmoronamiento del modelo familiar entre las personas negras refleja a la perfección —como si observáramos un cosmos en miniatura— lo que ha ocurrido estos años con la vida familiar de los estadounidenses»,[54] sus propuestas de mejora dan muestras de miopía al centrar cualquier esfuerzo en lo que ella llama «el gueto». En este sentido, recordemos la crítica formulada en su día por Martin Luther King al *Informe Moynihan,* en la que alertaba acerca del peligro de «atribuir nuestros problemas a debilidades innatas de los negros, pues un argumento así se acabaría utilizando para justificar cualquier incompetencia gubernamental y para blanquear las formas de opresión que sufrimos». Pues bien, esta lectura no es menos acertada con respecto a Norton.[55]

Mientras todo esto sucede, Moynihan ha ido matizando sus puntos de vista. Últimamente sostiene que, debido a la omnipresencia de las familias monoparentales y a su paulatino empobrecimiento, los problemas que de ello se derivan deben atribuirse no solo a los negros, sino a la sociedad en su conjunto. Y aunque esta versión atemperada del tema supone ciertamente una mejora, Moynihan se sigue mostrando

54 *Ibidem.*

55 M. L. King, Jr., *Where Do We Go from Here: Chaos or Community?,* Bantam Books, Nueva York, 1968, p. 129.

incapaz de proponer poco más que soluciones parciales. Así, advierte que «[des]conocemos los procesos que rigen el cambio social con la suficiente agudeza como para influir en ellos con toda confianza»,[56] por lo que se limita a sugerir que se sigan bajando los impuestos sobre la renta y se recorten aún más las prestaciones sociales con el fin de sujetar la inflación. Además, propone que el Gobierno se arremangue y haga cumplir la ley contra el tráfico de drogas.

Con la intención de abordar los problemas específicos asociados a la crisis del modelo de familia negra, organizaciones como el Consejo Nacional de Mujeres Negras han desarrollado programas comunitarios de espíritu pragmático. En este sentido, la presidenta del mencionado organismo, Dorothy Height, describe el programa SMART [acrónimo inglés tomado de *Single Mothers Advance Rapidly Through Training* (Madres solteras que aprenden muy deprisa) y traducible como «Espabiladas» o «Capaces»] con las siguientes palabras:

> Se trata de un proyecto diseñado para mejorar las capacidades y la empleabilidad de las madres jóvenes mediante sesiones de formación en el aula y en sus puestos de trabajo. El objetivo final de esta iniciativa es dotar de más estabilidad la vida de estas chicas, ayudarlas a identificar sus necesidades formativas e inculcar en ellas la importancia de desarrollar habilidades comerciales y vitales.
>
> Nuestro primer objetivo debería ser evitar que se queden embarazadas. Y, en segundo lugar, debemos garantizar que todas esas madres jóvenes que ya han tenido un bebé no tengan otro después. Asimismo, tenemos que velar por que estas jóvenes embarazadas reciban una buena atención prenatal, pues así conseguiremos que sus bebés sufran lo menos posible debido a complicaciones como partos

56 *The New York Times*, 7 de mayo de 1984.

> prematuros, pesos bajos al nacer u otros defectos congénitos. En este sentido, deberíamos hacer cuanto esté a nuestro alcance por atender a todas estas chicas.[57]

Sin embargo, si queremos alcanzar semejantes objetivos, resulta imprescindible mejorar el acceso de estas jóvenes a más oportunidades de empleo y educación. Y es que la política económica de nuestro país lleva tiempo destruyendo a toda velocidad un montón de puestos de trabajo que ocupaban hasta hace poco los negros, lo que nos ha arrinconado a los márgenes de la vida económica estadounidense. Los graves problemas estructurales que parecen afectar al núcleo familiar de los ciudadanos negros tan solo son sintomáticos de un hecho mucho más grave: que nuestro sistema económico está al borde del colapso. La citada Eleanor Holmes Norton lamentaba el «desempleo generacional permanente», cuyo origen situaba en los años posteriores a la Segunda Guerra Mundial, ya que lo consideraba «un factor inseparable del concepto mismo de "gueto estadounidense"». Sin embargo, se limitaba a sugerir que «cuidáramos los aspectos más notables» de los programas de formación y empleo ya existentes y multiplicáramos por dos el número de programas similares a lo largo y ancho del país.[58] Como vemos, la distancia entre la magnitud del problema analizado y la trivialidad de la solución propuesta es, por decirlo con tacto, de lo más inquietante.

Vivimos en una época marcada por el comienzo de una fase de declive en el capitalismo. Cualquier estrategia que omita esta realidad y pase por alto las implicaciones de esta

57 *Ebony*, marzo de 1985, p. 80.
58 *The New York Times*, 2 de junio de 1985.

crisis para todo el mundo tan solo ofrecerá una lectura parcial y superficial de sus síntomas, e impedirá que las cosas tomen un rumbo distinto. Además, una evaluación errónea del problema conducirá a una peligrosa subestimación de las posturas —más radicales y audaces— que debemos adoptar con el fin de erradicar trastornos capitalistas como el desempleo y la falta de vivienda. Por poner un ejemplo, sectores como el de la siderurgia y otras industrias básicas han disminuido drásticamente, abocando a la población negra al desempleo. De hecho, en los últimos años, se han ido cerrando fábricas o se las ha trasladado a otras partes del país (e incluso al extranjero). Entre 1979 y 1984, se perdieron once millones y medio de puestos de trabajo permanentes debido a los recortes en el sector productivo. Otros rasgos de la crisis estructural a la que nos enfrentamos son el agravamiento de los enormes déficits presupuestarios, el insólito repunte de la inflación, la crisis agrícola y el deterioro urbano.

La creciente militarización de nuestra economía es quizás el rasgo más destacado de la mencionada crisis que afecta al capitalismo. El reajuste del tejido productivo de acuerdo con los dictados del sector bélico-industrial sienta las bases para dilapidar miles de millones de dólares en forma de armas cuyo potencial aniquilador no tiene precedentes. Aun así, mientras todo esto sucede, a los negros nos roban literalmente el empleo a razón de mil trescientos puestos de trabajo por cada mil millones de dólares destinados a gastos militares.[59] La insensatez de nuestros economistas es la piedra angular de este «sindiós patológico» —si tomamos prestada la jerga de Moynihan—, que está causando estragos en la comunidad

59 *The Women's Budget*, Liga Internacional de Mujeres por la Paz y la Libertad, Nueva York, junio de 1985.

negra y ocasionando irreparables daños en nuestros modelos familiares. Desde 1980, el presupuesto militar literalmente se ha duplicado, mientras que los programas de servicios sociales han sufrido recortes por valor de casi cien mil millones de dólares. Así, entre 1981 y 1985, los presupuestos militares ascendieron a 1,2 billones de dólares, cifras que el Pentágono propuso aumentar en dos billones más durante el lustro siguiente. Si alguien desea hacerse una idea del verdadero valor de cifras tan astronómicas, contemplémoslas con cierta perspectiva: tendríamos que gastarnos tres millones de dólares al día durante dos milenios para llegar a esa cifra tan brutal que nos exige el Pentágono. En 1986, este órgano se gastó casi mil millones de dólares diarios, lo que equivale a cuarenta y un millones de dólares por hora (es decir, setecientos mil dólares por minuto).[60]

Mientras se siguen recortando los programas sanitarios con el fin de alimentar el exorbitante presupuesto militar al que nos referimos, menos de la mitad de los niños negros en edad preescolar disponen de vacunas contra la poliomielitis, la difteria, el tétanos y la viruela. El Gobierno de Reagan convenció al Congreso para aplicar recortes en los programas de ayuda estudiantil pese a que, según las cifras, casi la mitad de los chavales negros de diecisiete años aún son analfabetos funcionales. Las personas beneficiadas por los programas sociales —el 53% de las cuales son negras— reciben una media de ciento once tristes dólares al mes, y solo un poco más de la mitad de los niños pobres de nuestro país disfrutan de las prestaciones que ofrecen los programas AFDC. A pesar de ello, Reagan no dudó en atacar tales iniciativas, y sus políticas fueron responsables de los graves recortes que dieron comienzo

60 *Ibidem.*

en 1980. Con la llegada de Reagan a la Casa Blanca, seis millones de estadounidenses más pasaron a engrosar las filas de los desfavorecidos. Y aunque, por aquel entonces, veinte millones de nuestros conciudadanos pasaban hambre a diario, se negó el acceso a los cupones de alimentos a un millón de personas. Por si esto fuera poco, al mismo tiempo que se reducían las viviendas subsidiadas en un 63%, el número de personas sin hogar siguió creciendo a un ritmo alarmante. Estos son apenas un puñado de ejemplos de las consecuencias de una economía cada vez más militarizada.

Dado el grado histórico de declive y decadencia de la economía capitalista contemporánea, exacerbado en gran parte por la rápida militarización de nuestro tejido productivo, es evidente que las condiciones de desempleo masivo y pobreza creciente en nuestras comunidades persistirán a menos que se instituya, de manera pacífica, un programa radical de empleo contrario a la mentalidad monopolista. La Ley de Acción por la Renta y el Empleo promulgada en 1985 y encabezada por los diputados Charles Hayes (por el estado de Illinois) y John Conyers (por el estado de Michigan) incorpora una estrategia para acabar con el paro que será de inestimable valor en el futuro, tanto en el contexto de una agenda progresista por parte del Congreso como en los movimientos de masas que piden el pleno empleo. Hayes y Conyers reclaman la puesta en marcha de un programa federal de empleo con salarios decentes que imponga el pleno empleo y aplique medidas de acción afirmativa; además, se exige implantar la semana laboral de treinta y cinco horas (sin recortes salariales) y proporcionar ingresos adecuados a los parados intermitentes, así como a aquellas personas que buscan sin éxito su primer trabajo, como también se sugieren medidas destinadas a paliar los efectos del cierre de las fábricas; y, lo más importante de todo, se propone revertir el dispendio militar hacia proyectos civiles y de carácter social.

Nuestras familias no podrán salvarse a menos que logremos proteger el derecho a ganarnos la vida dignamente en condiciones de igualdad y hasta que ejerzamos el derecho a tomar decisiones políticas en el ámbito electoral. En este sentido, lo que necesitamos es un programa de empleo que traiga la paz social, proteja a las minorías, nacionalice de forma democrática los sectores esenciales y el entramado bélico-industrial, y ponga fin a los ataques racistas contra los derechos políticos de los negros. Este es el único marco en el que los programas prácticos que abordan los problemas de las familias negras tendrán alguna esperanza de éxito.

Los sagaces analistas de la crisis que, al parecer, atraviesa el modelo de familia negra tendrían mucho que aprender si examinaran de cerca la situación actual de países socialistas como la URSS o la República Democrática Alemana, en cuyo seno las familias monoparentales también están experimentando un vertiginoso aumento. En países como estos no hay ni rastro de la creciente pobreza que se achaca al aumento de este tipo de familias en Estados Unidos. Por tanto, si nosotros, la gente negra estadounidense, queremos garantizar que el sueño de una vida mejor lo disfruten nuestros hijos, debemos reconocer la importancia de dirigir la mirada hacia un horizonte socialista.

LA MUJER EN LOS OCHENTA: RETROCESOS Y VICTORIAS[61]

A medida que el Decenio de las Naciones Unidas para la Mujer (entre 1976 y 1985) se aproximaba a su fin, cada vez era más evidente que las mujeres de este planeta encarnamos una fuerza política capaz de amenazar profundamente a las fuerzas globales responsables del atraso y la opresión. Sin ir más lejos, nuestras hermanas soviéticas y las ciudadanas de otros países socialistas han puesto en marcha impresionantes movimientos pacifistas que suponen una formidable ofensiva contra la carrera nuclear. En países como Sudáfrica, Nicaragua y Palestina, las mujeres hemos sido las fervientes protagonistas de las luchas de liberación nacional vividas en estos pueblos. Además, el creciente grado de sensibilización por parte de las mujeres en Estados Unidos y otros países capitalistas acentúa la necesidad de efectuar cambios socioeconómicos radicales que garanticen la plena igualdad de todas las mujeres.

Históricamente, cada vez que el feminismo se ha alejado de la hoja de ruta que persigue una auténtica igualdad para

61 Prefacio a la edición soviética del libro A. Davis, *Women, Race & Class,* Progress Publishers, Moscú, 1987, del que hay edición española: *Mujeres, raza y clase,* A. Varela Mateos (tr.), Akal, Madrid, 2022.

«todas» las mujeres, a menudo se ha debido a la influencia nociva y manipuladora de las ideas racistas y antiobreras sobre la visión de nuestras lideresas. A lo largo de la historia de la campaña en defensa de los derechos de la mujer, se ha tendido a separar los problemas femeninos de las agendas propias de las personas racial y nacionalmente oprimidas, así como de las causas de la clase obrera en su conjunto. En consecuencia, se ha omitido en gran medida de los registros históricos el papel indispensable que asumimos las mujeres afroamericanas y las mujeres obreras de todo origen racial —más concretamente, las mujeres comunistas— a la hora de establecer muchas de las estrategias y tácticas de la campaña por la igualdad de la mujer.

Durante los dos mandatos de Ronald Reagan, las mujeres sufrimos varios reveses severos en nuestra búsqueda de la igualdad. Y es que esa administración, al tiempo que socavaba los logros que había conseguido el feminismo hasta la fecha, perpetraba ataques conjuntos contra el movimiento obrero y contra los derechos de los afroamericanos, latinos, nativos americanos, asiáticos e isleños del Pacífico. El telón de fondo de esta ofensiva fue la militarización cada vez más acuciante de la economía estadounidense, encarnada a la perfección por los recientes planes de nuclearización del espacio exterior. Movida por el deseo de justificar esta escalada sin precedentes en la carrera nuclear, la administración Reagan ha conjurado hasta la saciedad el mantra —históricamente obsoleto— de la «amenaza comunista». Por si esto fuera poco, nuestro presidente ha intentado sepultar su belicosa postura en relación con las luchas de los pueblos de América Central, África del Sur y Oriente Próximo bajo un montón de propaganda antisoviética.

Las fuerzas reaccionarias que dieron forma a las políticas retrógradas de Reagan han perpetuado unos niveles de desempleo y un número de personas sin hogar peligrosamente altos, un clima social que promueve la violencia racista y fomenta la discriminación contra las mujeres. Sin embargo, al mismo tiempo, han generado también un levantamiento masivo contra Reagan. Dentro del movimiento feminista, en particular, ha aumentado la certeza de los vínculos que existen entre machismo, racismo y explotación de la clase trabajadora. Y, lo que es más importante, ahora tenemos más claro que los problemas que afectan a las mujeres son inseparables del camino de la paz. En un documento presentado ante la Conferencia de las Naciones Unidas y el Foro No Gubernamental coincidiendo con el final del mencionada Decenio de la Mujer, la Coalición de Mujeres hizo esta declaración:

> La condición de las mujeres en Estados Unidos no está mejorando; de hecho, nuestra situación no deja de agravarse. El discurso y las políticas racistas, machistas, antiobreristas y favorables a la Guerra Fría se usan para blanquear la militarización y la explotación, así como para dividir y debilitar nuestro colectivo. Este racismo y este machismo institucionalizados menoscaban las relaciones sociales y minan nuestra lucha por la igualdad económica y política. Ni el desarrollo económico ni el progreso social, como tampoco la igualdad de la mujer, podrán lograrse jamás mientras nuestra sociedad siga lastrada por presupuestos militares tan desproporcionados que abocan a nuestros hijos, nuestras familias y nuestras propias vidas a la amenaza de un posible holocausto nuclear.
>
> La Coalición de Mujeres congregadas en Nairobi reconoce que la raza y la unidad internacional son esenciales para satisfacer las necesidades de todas las mujeres. Como ciudadanas estadounidenses que somos, luchamos en favor de la igualdad y el desarrollo económico, pero ansiamos también la paz mundial.[62]

62 *The Effects of Racism and Militarization on Women's Equality*, Women for Racial and Economic Equality, Nueva York, 1985.

En los tiempos que corren, las mujeres de Estados Unidos estamos más obligadas que nunca a asimilar las lecciones —las pasadas y las presentes, tanto negativas como positivas— que se desprenden de las experiencias de las mujeres soviéticas. Los espectaculares avances logrados por estas ciudadanas en materia de igualdad social, económica y política han sido el resultado de una reorganización revolucionaria de esta sociedad de acuerdo con las necesidades y aspiraciones de la clase obrera. Al igual que sucede con la discriminación racial y gubernamental, el machismo también es un obstáculo para el desarrollo socialista y la posterior llegada del comunismo. Y las mujeres soviéticas, que jamás olvidarán la agonía de la guerra emprendida por Hitler contra su pueblo, nos recuerdan con tesón que exigir la paz mundial es una condición irrenunciable a la hora de reclamar la igualdad para todas las mujeres.

Asuntos internacionales

CUANDO UNA MUJER ES UNA ROCA: REFLEXIONES SOBRE LA AUTOBIOGRAFÍA DE WINNIE MANDELA[63]

Siempre ponen primero
sus manos en las mujeres,
a eso dedican su vida,
así se creen importantes.
Arrancarse el corazón
deja siempre un agujero
tan enorme que las balas
desfilan por su interior;

golpean
en primer lugar
    a las buenas mujeres cabreadas
pero al hacerlo
ignoran
que están golpeando una roca.[64]

¿De dónde saca una mujer la tenacidad y la resiliencia necesarias para soportar, durante más de dos décadas, los esfuerzos

63 Artículo publicado originalmente en *Vogue* en diciembre de 1985.

64 N. Finney, «South Africa: When a Woman Is a Rock», *Catalyst,* otoño de 1986, vol. 1.

implacables de un Gobierno abiertamente racista y decidido a hacer añicos su compromiso con la libertad de su pueblo o a llevarla al borde de la locura? Tras superar innumerables encarcelamientos, arrestos domiciliarios y prohibiciones, tras sobrevivir a varios atentados que a punto estuvieron de costarle la vida y tras sobreponerse a repetidos episodios de acoso, Winnie Mandela parece haber salido indemne. A sus cuarenta y nueve años, no cabe duda de que la esposa de Nelson Mandela —el encarcelado líder del Congreso Nacional Africano— se ha curtido en las adversidades. Pese a ello, aún conserva una dulzura que la vuelve entrañable para la mayoría de las personas que tienen la suerte de conocerla. En 1985, durante la emisión del programa *Nightline* de Ted Koppel, millones de telespectadores pudieron atisbar la belleza espiritual y la elocuencia política de esta mujer. Ahora, gracias al trabajo de la editora Anne Benjamin, ha visto la luz un libro que recoge, bajo el título *Parte de mi alma,* un puñado de entrevistas, cartas y testimonios que permite conocer más de cerca a esa persona y lideresa llamada Winnie Mandela, un símbolo incomparable de la actual oposición al *apartheid* sudafricano.

Yo soy apenas siete años menor que Winnie. Me siento como si la conociera desde hace mucho tiempo. Cuando alcancé la mayoría de edad en mi Birmingham natal —una localidad de Alabama apodada en ciertos círculos «la Johannesburgo del sur»—, me sorprendió descubrir que, en otros lugares del mundo, los negros también sufrían la misma segregación que nosotros padecíamos en el sur de Estados Unidos. Para cuando llegó a mis oídos la existencia del Congreso Nacional Africano, Nelson Mandela ya se encontraba en prisión. En 1977, poco después de que lo desterraran a Brandfort por haber encabezado el levantamiento de

Soweto, escuché la grabación de una conversación telefónica entre Nelson y Winnie. Desde entonces, siento que su voz me persigue, su tono de sosegada firmeza, su confianza en la victoria inminente de la democracia en Sudáfrica. Hasta el punto de que me la he imaginado en muchas situaciones cotidianas. Por eso, cuando supe que se había publicado *Parte de mi alma,* me alegré.

Hoy me siento más humilde y conmovida que nunca ante el relato de esta mujer —de este corazón de oro— sobre sus incesantes batallas contra el injusto régimen del *apartheid.* Tras haber vivido lo que fueron para mí diecisiete interminables meses en la cárcel a la espera de un juicio por motivos políticos, el relato de Winnie sobre su propia experiencia me dejó desolada, hasta el punto de que mis propias vivencias palidecían comparadas con las suyas.

> Por aquel entonces, lo único que había en mi celda era un cubo para poder aliviarme, una botella de plástico con capacidad para tres vasos de agua y una triste taza [...]. A modo de cama solo tenía una esterilla y tres mantas apestosas y mugrientas. Enrollaba una de ellas a modo de almohada y usaba las otras dos para taparme.
>
> Los días y las noches se me hacían tan largos que acababa hablando sola. Reinaba un silencio sepulcral —lo que, de por sí, ya es toda una tortura—. En condiciones así, no sabes qué hacer contigo: te sientas, te levantas, deambulas de un lado para otro [...]. Te tumbas boca abajo, te das la vuelta, te recuestas de lado. Al final, te duele todo el cuerpo, pues no estás acostumbrada a dormir sobre cemento.[65]

65 W. Mandela, *Part of My Soul Went with Him,* W. W. Norton & Company, Nueva York, 1985, p. 99; hay edición española, *Parte de mi alma,* F. Canals (tr.), Pandora Libros, Barcelona, 1988.

¡Y yo que me quejaba, hace quince años, de haberme visto obligada a escribir sobre el diminuto escritorio de mi celda neoyorquina, sentada sobre el apestoso inodoro! ¡Al menos tenía un escritorio y un retrete! Y tenía libros, un bloc de notas y un lápiz (aunque también me quejara porque los bolígrafos estuvieran prohibidos en las celdas). En mi caso, cada vez que los ratones y las cucarachas rozaban mi cuerpo me moría del asco. Winnie Mandela, en cambio, confesaba su inmensa alegría el día que se encontró dos hormigas caminando en su celda vacía. A sus ojos, esos dos seres vivientes rompían la monotonía que llevaba atormentándola durante diecisiete meses de aislamiento. A mí, durante todo el periodo de mi encarcelamiento, me agredieron físicamente una vez. A Winnie, sin embargo, le dieron tantas palizas que dejó de contarlas. En cierta ocasión, la interrogaron sin tregua durante cinco días seguidos (con sus cinco noches).

De acuerdo con las tradiciones africanas, el nombre de una persona encarna la esencia de su portador. En la lengua xhosa, el nombre africano de Winnie Mandela, Nomzamo, significa «prueba»: designa a aquellos cuya vida los obligará a superar muchas pruebas.[66] Entre 1962 y 1985, Winnie disfrutó de apenas diez meses de «libertad». El resto del tiempo lo pasó en la cárcel, enfrentándose a cargos judiciales, bajo arresto domiciliario o sujeta a la censura y la exclusión. Por si esto fuera poco, «allanaron su casa, le lanzaron un cóctel molotov por la ventana, envenenaron a su perro guardián y, cierta noche, tres hombres trataron de estrangularla».[67]

¿Cuál es el secreto del implacable coraje que demuestra esta mujer? Quizá sus propias reflexiones acerca de su infancia nos den alguna pista al respecto.

66 *Ibidem*, p. 50.
67 *Ibidem*, p. 98.

> Cuando era niña, pensaba que todo nos pertenecía. La libertad que una tiene de niña, las llanuras ondulantes [del Transkei], el hermoso verdor —¡cómo correteábamos de un lado a otro del río, surcando las bellas colinas verdes!—. Yo creía que aquel era mi país, [...] pero entonces [...], cuando creces [...], un hombre blanco te dice que ese país tan tuyo no te pertenece y que, para estar allí, se necesita tener un pedazo de papel.[68]

Al contraer matrimonio con Nelson Mandela en 1958, Winnie sabía muy bien que se estaba casando «con la lucha, con la liberación de todo mi pueblo».[69] Hasta 1964, año en que su marido fue condenado a cadena perpetua tras los juicios de Rivonia contra los dirigentes del CNA —en virtud de la Ley de Supresión del Comunismo—, los cónyuges tuvieron que verse esporádicamente, y siempre de forma clandestina. Sus dos hijos, Zindzi y Zeni, conocieron a su padre durante las escasas visitas a la cárcel, siempre bajo una estrecha vigilancia. En mayo de 1984, Winnie pudo tocar a su marido por primera vez en veinte años. Da la impresión de que, junto a su inquebrantable compromiso político, Winnie lleva en su seno un caudal inagotable de fuerza emocional.

En Sudáfrica viven 4,3 millones de ciudadanos blancos, 18,6 millones de personas negras y 3,1 millones de personas mestizas y asiáticas. A los negros no se les permite votar, se les ha despojado de la ciudadanía en su propio país y se les ha obligado a vivir en las regiones más remotas y yermas —sus supuestas «patrias», en palabras del Gobierno a cargo del *apartheid*—. Para poder trabajar en las «zonas blancas» (que representan el 87% de la superficie del país), deben mostrar «acreditaciones».

68 *Ibidem,* p. 127.
69 *Ibidem,* p. 65.

Las principales empresas y bancos transnacionales estadounidenses, como IBM, General Motors y Bank of America, han invertido importantes cantidades de dinero en la economía sudafricana y desempeñado un papel decisivo en la aplicación del *apartheid.* Sin embargo, como consecuencia directa de las campañas activistas que exigen la desinversión, decenas de empresas estadounidenses se han visto obligadas a irse de Sudáfrica, lo que ha provocado que multitud de ciudades, estados, fondos de pensiones sindicales y otras instituciones pongan en marcha carteras de inversión de las que se ha excluido a las empresas con intereses en Sudáfrica.

Con su lucha, los sudafricanos negros y sus aliados blancos están planteando la oposición más intensa y organizada al Gobierno de las minorías blancas en la centenaria historia de luchas de esta tierra. Al mismo tiempo, la opinión pública estadounidense se va decantando rápidamente contra las políticas del régimen de Botha y, por ende, contra la estrategia de seguir promoviendo el «compromiso constructivo» con Sudáfrica esgrimido por la administración Reagan.

Parte de mi alma es un libro que deberían leer todas aquellas personas preocupadas por la situación en este país africano, desde quienes han abierto bruscamente los ojos al ver en televisión a policías sudafricanos encañonando a niños negros hasta los activistas políticos más experimentados que se movilizan contra el *apartheid.* Aunque la estructura del libro resulte por momentos mejorable, su inestimable valor reside en que permite a Winnie Mandela defenderse con voz propia y erigirse como una portavoz elocuente y persuasiva del pueblo.

Las personas a las que incomode la participación del Congreso Nacional Africano en la resistencia armada deberían leer el convincente análisis de Winnie sobre las limitaciones de la no violencia en aquellas circunstancias donde policías armados con metralletas asesinan indiscriminadamente a unos escolares que se manifiestan de forma pacífica. Quienes tengan la impresión de que la población negra de Sudáfrica entiende su lucha como una guerra racial y pretende desterrar a los ciudadanos blancos del país deberían leer los homenajes de Winnie Mandela a las mujeres y los hombres (tanto blancos como negros) que han mantenido encendida la llama de la lucha durante tantas décadas. Asimismo, estos lectores deberían reflexionar a fondo sobre la idea de una Sudáfrica libre que propugna Winnie, basada en la emancipación de los negros y en la instauración de una democracia multirracial.

El día en que Nelson Mandela salga de la cárcel sin imposiciones —pues, en varias ocasiones, el líder ya ha rechazado la libertad condicional que le ofrece el Gobierno, sujeta a que Mandela renuncie a su puesto en el Congreso Nacional Africano y abandone sus enérgicas tácticas de resistencia— y los negros gocen al fin del derecho al voto, su candidatura para el cargo de primer ministro será indiscutible. Y, en ese momento, Nomzomo Winnie Mandela deberá ocupar también el lugar que le corresponde al frente de una Sudáfrica libre.

LOS NIÑOS PRIMERO: LA CAMPAÑA POR UNA SUDÁFRICA LIBRE[70]

Es para mí un inmenso honor compartir esta tribuna con algunos de los más insignes líderes que encabezan la lucha contra el *apartheid,* como el arzobispo Trevor Huddleston y el valiente presidente del Congreso Nacional Africano, Oliver Tambo. Quisiera manifestar mi más profunda gratitud para con los organizadores de esta conferencia tan monumental, que nos ha permitido escuchar, desde el liberado país de Zimbabue, las voces de los niños sudafricanos. Pues son estos niños quienes tienen en sus manos el futuro de Sudáfrica y quienes encarnan el espíritu libertario y democrático de esa tierra.

Mi participación en esta conferencia me ha llevado a reflexionar sobre mi niñez, sobre mi experiencia al crecer en Birmingham, Alabama, una localidad del sur de Estados Unidos sometida también a la segregación. Pues fue allí donde comprendí por primera vez el significado del *apartheid,* ya que a mi ciudad natal se la conocía, en el seno de algunos

70 Discurso pronunciado durante la Conferencia Internacional sobre la Infancia, la Represión y las Leyes de Sudáfrica durante el *apartheid* celebrada en Harare, Zimbabue, el 27 de septiembre de 1987.

círculos progresistas, como la «Johannesburgo del sur». En esa localidad, a principios de los años sesenta, el Ku Klux Klan asesinó a cuatro jóvenes negras muy amigas mías tras detonar explosivos en la iglesia adonde habían ido a rezar aquel domingo por la mañana. Puede que a algunas personas les cueste creer que un Gobierno sea capaz de atacar brutalmente a los hijos de un pueblo oprimido. Sin embargo, sé por experiencia que, cuando el racismo se encarama al poder, los niños lo sufren del mismo modo —o incluso mucho más— que quienes nos sentimos los más damnificados.

Pese a sus padecimientos, el espíritu de resistencia de estos niños sudafricanos sigue siendo indomable. Así nos lo han demostrado cada uno de los testimonios pronunciados durante esta conferencia. En concreto, uno de nuestros ponentes lo expresó de maravilla al afirmar: «los niños de Sudáfrica se niegan a acostumbrarse al *apartheid*». Y es que, cuando son los niños quienes se niegan a adaptarse al *apartheid*, sabemos que la victoria está a la vuelta de la esquina. ¡Sudáfrica será libre! ¡Namibia será libre!

Según se desarrollaba la presente conferencia, hemos podido escuchar numerosos testimonios infantiles de lo más inconcebibles, pues su grado de pavor supera con creces al de cualquier infortunio que un adulto pueda afrontar en su vida. Hablamos de chicos de dieciséis años a los que detienen y torturan a base de descargas eléctricas. Y, pese a tales suplicios, uno de los niños que describía estas torturas con pelos y señales concluyó su testimonio expresando su deseo de regresar al país con el fin de reintegrarse en la lucha por la liberación de su pueblo. Esta es la prueba indiscutible de que el espíritu de los niños resulta inquebrantable.

Es cierto que, en todas las culturas, los niños son seres espontáneos. Pero es que, en Sudáfrica, los niños no se dejan reprimir ni siquiera por la guerra. Aun así, no debemos confundir lo espontáneo con lo cándido —la base del intrépido carácter infantil—, pues la candidez consiste en ignorar de forma inocente las consecuencias de nuestros actos. Y estos niños, por inocentes que sean, conocen demasiado bien las consecuencias que tienen sus actos. No en vano, han visto a amigos y familiares morir tiroteados delante de sus ojos. Han visto cómo furiosos perros policía atacaban a compañeros de pupitre. De hecho, los niños negros de Sudáfrica son plenamente conscientes de que sobre ellos se cierne un constante peligro de muerte. Y, pese a ello, siguen resistiendo. Y también siguen cantando y bailando, manteniendo su firme creencia en la llegada inminente de la libertad, pese a que la policía disuelve las reuniones y dispara por la espalda a los jóvenes que huyen. A medida que la ofensiva del Gobierno y sus secuaces se hace más violenta, la voluntad de los niños se torna cada vez más fuerte.

Su resistencia es impresionante. Pero no olvidemos que se trata de niños. No olvidemos que ellos son el futuro. Cada vez que respiremos, recordemos que el *apartheid* pronto será cosa del pasado. Y recordemos, por encima de todo, que es nuestro deber y nuestra responsabilidad ayudar a quienes se esfuerzan por abolir ese arcaico sistema y por salvar con ello a los futuros líderes de Sudáfrica. Porque también estos últimos, al fin y al cabo, son ahora unos niños.

La opinión pública internacional tiene que decir basta ante el régimen criminal de Botha y gritar: «¡Poned fin a la guerra contra los niños!».

Todas aquellas personas que acudimos a esta cita desde Estados Unidos representamos a otros miles de activistas de nuestro pueblo también contrarios al *apartheid.* Tanto a nosotros como a nuestros camaradas nos parece indignante que, mientras la comunidad internacional censura el *apartheid* y lo tacha de violación criminal, supresora de los derechos humanos, el Gobierno de Reagan sigue apoyando descaradamente al régimen de Botha mediante su política del compromiso constructivo. Pues, en realidad, la relación entre ambos Gobiernos ha ido mucho más allá de un mero «compromiso». Botha y Reagan se han compenetrado hasta formar un matrimonio despiadado y destructivo.

En un intento de justificar su postura, Reagan —y las corporaciones cuyos intereses defiende el presidente— se empeña en conjurar el espectro del comunismo. De hecho, toda la política exterior de la administración Reagan rezuma anticomunismo y antisovietismo.

Por todos estos motivos, me gustaría formular a Ronald Reagan una serie de preguntas: ¿acaso es el comunismo responsable de las atrocidades cometidas en Sudáfrica? ¿Quién es, en realidad, el verdadero enemigo de la búsqueda de la libertad en todo el mundo? ¿Quién es, en realidad, el responsable de la crisis nuclear que amenaza el futuro de la humanidad?

Los voceros reaganistas siguen difundiendo una imagen distorsionada de la lucha sudafricana. Quieren hacernos creer que la contienda en Sudáfrica gira en torno a la segregación racial, al movimiento a favor de los derechos civiles y nada más. Al actuar así, pretenden ocultar lo que sucede realmente allí: una lucha por la democracia. Y es que la totalidad del pueblo sudafricano desea participar en la determinación del destino de su país. En este sentido, estamos ante una lucha por la liberación nacional, por el poder económico y político. Se trataría de una lucha revolucionaria en pos de la democracia.

Los estadounidenses que hoy comparecemos ante ustedes quisiéramos recalcar que Ronald Reagan no representa la voz de nuestro pueblo, como tampoco Botha representa al pueblo de Sudáfrica. En Estados Unidos, más de cinco mil personas han sido ya detenidas en fechas recientes por protestar en contra del *apartheid.* Veinte estados y sesenta y cinco ciudades distintas en el país han desinvertido ya más de siete mil millones de dólares en Sudáfrica. Como consecuencia directa de nuestro activismo, la inversión estadounidense en Sudáfrica se ha reducido a la mitad. Con todo, sabemos que aún hay empresas que, si bien han salido de Sudáfrica entre airados aspavientos, siguen financiando el *apartheid* a través de otros canales que les permiten suministrar al Gobierno de Botha productos, servicios y tecnología.

A la vista de estos hechos, ¡exigimos la ruptura de todas las relaciones económicas con Sudáfrica! ¡Exigimos que se impongan sanciones obligatorias con carácter general! ¡Y reclamamos, de paso, la liberación de Nelson Mandela y del resto de presos políticos del país, hombres, mujeres y niños por igual! ¡Basta de ejecutar a nuestras hermanas y nuestros hermanos, así como a sus hijos!

Os prometemos, a las hermanas y los hermanos de Sudáfrica que acudís a esta ponencia desde ambos lados de la frontera, que trabajaremos de inmediato para construir una campaña expansiva y militante que salve a los jóvenes de más represión, brutalidad, tortura y muerte.

¡Poned fin a la guerra contra los niños de Sudáfrica!

¡Amandla Ngawethu! [¡Poder para el pueblo!].

CULMINAR LA AGENDA: REFLEXIONES SOBRE LA CONFERENCIA DE 1985 EN NAIROBI, KENIA

Aunque valoro mucho cualquier oportunidad de viajar al extranjero, al final siempre anhelo con ansias el viaje de regreso. El sentimiento de plenitud producido por la vuelta a casa redondea la emoción que se siente al haber visitado otro país y conocido de cerca su cultura. Sin embargo, mientras hacía cola en el aeropuerto de Nairobi durante el verano de 1985 y me disponía a subirme al avión, me costaba asumir que mi periplo africano había llegado a su fin. ¿Por qué motivo —me preguntaba— parecía tan reacia a dejar esta ciudad, sede de una asamblea internacional que encarnaba el punto álgido del Decenio de las Naciones Unidas para la Mujer? En cuanto hube colocado mis pertenencias dentro de la cabina y tomé asiento en la butaca asignada, lo vi todo más claro: me resistía a abandonar esta ciudad africana debido a la tristeza que me producía saber que el Decenio de las Naciones Unidas para la Mujer estaba llegando a su fin.

Entre los días 10 y 19 de julio, miles de mujeres procedentes de un montón de naciones, culturas y grupos étnicos de todo el mundo celebramos la culminación de diez años de intenso activismo internacional en favor de nuestros derechos. Sin embargo, para la inmensa mayoría de mujeres del planeta, la lucha contra el machismo imperante no había hecho más que empezar. De hecho, mi experiencia durante esas dos semanas me confirmó que, con nuestra iniciativa, habíamos construido unos sólidos cimientos —si bien eran tan solo una base— para el desarrollo de un movimiento internacional de mujeres más ambicioso y maduro políticamente. Aunque tanto el Foro de 1985 como la Conferencia oficial de la ONU que clausuró el Decenio de la Mujer eran el resultado de una tradición forjada tras décadas de asambleas internacionales de mujeres progresistas, la nuestra fue la primera asamblea que asistió a un giro en la opinión pública mundial, que reconocía por fin la legitimidad de la búsqueda de la igualdad por parte de las mujeres.

Así, el movimiento mundial por la emancipación de la mujer se dio cuenta, al fin, de los estrechos vínculos que existen entre nuestra lucha como mujeres y el rechazo a la explotación capitalista, la opresión del racismo y la escalada nuclear, cuya beligerancia amenaza el futuro de la humanidad. Para quienes asistimos a las citas convocadas en Ciudad de México en 1975 y, apenas un lustro más tarde, en Copenhague, saltaba a la vista que las filas congregadas en la asamblea de Nairobi presentaban notables diferencias. Sin ir más lejos, por primera vez en la historia, la mayoría de las participantes en una conferencia internacional de carácter feminista eran mujeres de color. Para quienes vivimos acostumbradas a que se nos considere una «minoría» en Europa y en Norteamérica por el mero hecho de tener un color de piel distinto, la experiencia de Nairobi puso de manifiesto una realidad histórica fundamental: por minoritaria que sea nuestra población en algunas zonas del mundo, en términos globales representamos la mayoría de la población humana.

Como la mujer afroamericana que soy, me sentí especialmente orgullosa al comprobar que el número de estadounidenses negras que tomaron parte en el Foro No Gubernamental de Nairobi fue superior con respecto a cualquier otro congreso internacional celebrado hasta la fecha. De este modo, mientras que, en la primera mitad de siglo, figuras como Mary Church Terrell y, más recientemente, Vinie Burrows dejaron oír su voz en las asambleas mundiales de mujeres, en esta ocasión más de un millar de mujeres afroamericanas participaron en los debates de Nairobi. Durante el evento, asistimos a talleres acerca de los vínculos entre racismo y machismo, compartimos nuestros respectivos legados culturales por medio del canto, la danza y la poesía comprometida, empatizamos con nuestras hermanas sudafricanas, nicaragüenses y palestinas, y tuvimos la ocasión de conversar con hermanas procedentes de países socialistas, a cuyo empeño por lograr la paz mundial nos sumamos también. Cada día, nos unimos con naturalidad a los bailes y cantos de espíritu crítico que iniciaban nuestras hermanas de África, Asia, Sudamérica, Europa, Australia y Oriente Medio. Por todo ello, sentí que las más de mil personas presentes en Nairobi estábamos abriendo nuevas sendas para beneficio del resto de hermanas y hermanos afroamericanos. Con nuestra labor, estábamos ahondando en las condiciones sociohistóricas de nuestra propia opresión a escala global y tendiendo nuevos puentes capaces de conectar a la totalidad de mujeres luchadoras, trabajadores militantes, pueblos en lucha y naciones progresistas en pos de la paz mundial.

Por lo que a mí se refiere, tomé partido en el Foro No Gubernamental de Nairobi en calidad de activista de una organización multirracial llamada Mujeres por la Igualdad Racial y Económica (MIRE). En el área metropolitana de

Nueva York, MIRE había sido la formación responsable de orquestar la Coalición de Mujeres por Nairobi, que englobaba la Liga Internacional de Mujeres por la Paz y la Libertad, la Coalición de Mujeres Sindicalistas y muchos otros grupos de ciudadanas. Gracias a la afiliación de MIRE a la Federación Democrática Internacional de Mujeres (FDIM), una organización no gubernamental vinculada a la ONU, mis compañeras y yo pudimos presentar en la conferencia oficial de la ONU un extenso documento titulado *Consecuencias del racismo y la militarización para las mujeres.* Mis hermanas repartieron varios miles de ejemplares de ese documento entre las asistentes al Foro. Además, las cabecillas del MIRE propusieron un taller para explicar tales contenidos. Durante los primeros días del Foro, decidimos formular una petición que expresara la idea central del documento con el fin de difundirla entre las asistentes estadounidenses. Más tarde, ya tendríamos tiempo de recoger firmas para presentarlas ante la delegación oficial del Gobierno presente en la Conferencia de las Naciones Unidas.

La comitiva oficial estadounidense estaba encabezada por la hija del presidente, Maureen Reagan, que no destacaba precisamente por su firmeza a la hora de promover la igualdad. Así, si bien es cierto que había dado su apoyo a las reivindicaciones de algunas mujeres blancas —políticamente conservadoras y económicamente pudientes—, nunca se había identificado con el resto de las mujeres de clase trabajadora y, menos todavía, con sus conciudadanas negras, latinas, nativas americanas, asiáticas o isleñas del Pacífico. Como buena portavoz de las ideas paternas —paradigma indiscutible de la mentalidad más antiproletaria, machista, racista y favorable al expolio capitalista—, Maureen Reagan había manipulado la situación y las luchas de montones de mujeres de nuestro país. Desde esta premisa, se había atrevido a afirmar que el racismo, como (a su juicio) el sionismo y el *apartheid*, por no hablar del rechazo a la obsesión con las armas nucleares, no eran «auténticos» problemas de las mujeres.

Durante su discurso inaugural para la Conferencia Oficial de la ONU, Maureen proclamó que las mujeres de Estados Unidos caminaban con paso firme hacia la emancipación. En concreto, declaró que «todos los obstáculos que nos impedían acceder a la igualdad política hace tiempo que no existen». De acuerdo con sus palabras, las cuatro tareas cruciales relacionadas con la opresión machista en nuestro país tienen que ver con «la situación de las mujeres refugiadas, el desarrollo, la alfabetización y la violencia doméstica». No cabe duda de que estos asuntos ocupan su lugar entre las preocupaciones de las mujeres, pero cuando se presentan como las únicas cuestiones verdaderamente importantes que definen la opresión vivida por las mujeres en Estados Unidos, debemos concluir que esta clase de afirmaciones lo confunden todo. Pues ¿qué lugar ocupa aquí el racismo? ¿Qué pasa con el desempleo y las desigualdades económicas? ¿Y qué hay de la militarización?

Los cuatro temas elegidos por Maureen tenían el propósito expreso de desviar la atención y de impedir una mirada más amplia con respecto a la desigualdad entre hombres y mujeres. Tanto es así que, durante la conferencia oficial, los líderes de la delegación estadounidense tuvieron dificultades para replicar ese argumentario. Sin ir más lejos, durante una de las ruedas de prensa, Lois Harrington, un miembro de la comitiva enviada por Reagan, intentó mencionar esos cuatro motivos que, al parecer, enarbolaba el Gobierno americano: «violencia doméstica, alfabetización, desarrollo y… ¿cuál era la cuarta, Alan? —dirigiéndose a Alan Keyes, el principal negociador que integraba la delegación estadounidense—,

¡refréscame la memoria!». En cuanto Keyes le chivó: «las refugiadas», Harrington no tardó en poner excusas: «¡Pues claro!, ¿cómo se me ha podido olvidar? En nuestro país tenemos muchas refugiadas».

Solicitábamos a la delegación oficial estadounidense que diera su apoyo a dos documentos: la Convención de la ONU sobre la Eliminación de la Discriminación contra la Mujer y la Declaración sobre la Participación de la Mujer en la Promoción de la Paz y la Cooperación Mundiales. Exigíamos, además, a esta comitiva gubernamental la reducción del gasto militar y reclamábamos el uso de esos fondos liberados para contribuir al progreso general de nuestro pueblo —y, más precisamente, para lograr la igualdad de las mujeres—. Por otra parte, conscientes de que el comportamiento propio de las empresas transnacionales afecta negativamente a la situación económica de las mujeres, pedíamos también que se restringiera la actividad de este tipo de corporaciones. Además, la independencia económica de las mujeres y su participación en el movimiento sindical eran factores clave en nuestra búsqueda de la igualdad. Por ello, queríamos que se garantizara la igualdad salarial en todos aquellos trabajos donde hombres y mujeres ocupan puestos equivalentes, así como el derecho al pleno empleo y a percibir unos ingresos garantizados. Exigíamos que se acabara de una vez con la opresión racial sufrida por las mujeres —pero también por los hombres— y que se garantizaran los derechos de los trabajadores extranjeros e indocumentados. Junto con todo ello, prestamos nuestro apoyo a todas las medidas encaminadas a mejorar la calidad de vida de las mujeres, lo que incluye poner fin a la brutalidad policial y garantizar el acceso a una vivienda digna, una adecuada atención sanitaria y una educación de calidad.

Tal como afirmaba nuestra petición, debía eliminarse cualquier forma de violencia sexual y garantizarse el derecho de las mujeres a elegir en lo tocante a la sexualidad. Asimismo, debía otorgarse a las mujeres las máximas garantías económicas, sociales y legislativas para el pleno ejercicio de sus derechos reproductivos —incluidos el aborto, el abandono de las prácticas de esterilización forzosa, la disponibilidad de métodos anticonceptivos y el acceso a servicios adecuados en relación con la maternidad, la atención primaria, la pediatría, los cuidados en periodo de lactancia, los permisos remunerados por maternidad y la protección de los subsidios y puestos de trabajo—. También pedimos ayuda para las mujeres que, en el sur de África, América Central, Oriente Medio y el resto del mundo, luchan por los derechos democráticos y por la independencia nacional de sus pueblos. Por último, nuestra petición pretendía apelar a todas las personas del mundo para que trabajen juntas en favor de la paz, lo que exige poner fin a las agresiones e intromisiones de Estados Unidos más allá de sus fronteras, retirar la totalidad de misiles nucleares, establecer acuerdos bilaterales sobre el control de armas y, por encima de todo, dar carpetazo a las maquinaciones diseñadas para militarizar el espacio exterior, que nos abocan a una suerte de Guerra de las Galaxias.

Más del 65% de las mujeres estadounidenses que asistieron al Foro y a la Conferencia firmaron nuestra petición: en total, recogimos más de mil trescientas firmas de entre las dos mil estadounidenses presentes en Nairobi. Entre las firmantes se encontraban figuras como Dorothy Height, presidenta del Consejo Nacional de Mujeres Negras; Emagene Walker, miembro del consejo ejecutivo de la Coalición de Mujeres Sindicalistas; Vinie Burrows, representante de la FDIM ante las Naciones Unidas y vicepresidenta internacional del MIRE;

Erma Henderson, la presidenta negra del Consejo Municipal de Detroit; Vivian Lowry, destacada militante en favor de los derechos civiles; Lydia Martínez, clériga de la Iglesia Metodista Unida; y Edith George, dirigente indígena de esa misma iglesia.

Como resultado de todo ello, el Foro de 1985 supuso una experiencia histórica para las mujeres de Estados Unidos, pues demostró hasta qué punto empezábamos a advertir nuestro enorme potencial. A partir de ese momento, si conseguíamos forjar y consolidar un movimiento de mujeres unido, multirracial y antimonopolista, nuestra causa pronto suscitaría la justa solidaridad de nuestras hermanas de Nicaragua, Irán y Sudáfrica, comprometidas también con sus propias luchas.

LA MUJER EN EGIPTO: UNA IMPRESIÓN PERSONAL[71]

En 1973, tuve la ocasión de pasar por El Cairo de camino a Brazzaville, ciudad a la que me dirigía para conmemorar el décimo aniversario de la Revolución congoleña. Y, al echar la vista atrás, aún recuerdo la rabia que sentí al comprender que carecía del tiempo suficiente para formarme siquiera una ligera idea de la vida en Egipto. Pues bien, doce años después de mi fugaz visita, mientras me encontraba a la espera de una autorización para abandonar el despacho de aduanas del aeropuerto de El Cairo, me paré a pensar en las mujeres de África y, más concretamente, en los muchos miles de mujeres de todo el mundo que, al igual que sus hermanas egipcias, se disponían a clausurar en Nairobi el Decenio de las Naciones Unidas para la Mujer. Al pensar en ello, me embargó la euforia de saberme partícipe de un movimiento feminista de alcance planetario en pleno crecimiento y en cuyo seno mis hermanas del Tercer Mundo empezaban a recibir de una vez el respeto que merecen.

Nada más salir del aeropuerto, un grupo de tres mujeres —en representación de la recién creada AWSA [Asociación de

71 Texto publicado originalmente en *Women: A World Report,* Oxford University Press, Nueva York, 1986.

Solidaridad de las Mujeres Árabes], responsable de mi visita— acudió a recibirme. Como la compañía aérea TWA había extraviado mi equipaje (que no recuperaría hasta la noche anterior a mi regreso a casa), enseguida nos encaminamos hacia el hotel de Guiza donde debía alojarme. Mientras atravesábamos la capital egipcia, me impactó de repente una imagen imprevista: la sucesión de interminables hileras formadas por pequeños mausoleos color tierra que se extendían, hasta donde llegaba la vista, a lo largo y ancho de un antiguo cementerio. Mis anfitrionas me explicaron que aquella enorme ciudad de los muertos alojaba asimismo, al menos, a un millón de seres vivos. Y es que, en El Cairo, el problema de la escasez de viviendas es tan insostenible que la gente se ve obligada a refugiarse en los reducidos panteones familiares construidos para alojar a sus muertos. Al ver esto, no me costó entender el lugar tan destacado que ocupaba, entre las prioridades de las mujeres egipcias, la posibilidad de acceder a una vivienda digna.

Cuando accedí a viajar hasta Egipto para documentar mis experiencias con las mujeres de este país africano, todavía ignoraba que los promotores del proyecto deseaban que me centrara en aquellas cuestiones vinculadas de manera específica con la dimensión sexual de la búsqueda de la igualdad por parte de las mujeres. Yo no sabía, por ejemplo, que la clitoridectomía formaba parte de los temas que iba a tener que abordar. Precisamente por eso, consciente del encendido debate que este asunto aún despierta entre los círculos feministas internacionales —y, sobre todo, teniendo muy presentes en mi pensamiento los esfuerzos de algunas feministas occidentales por encabezar una cruzada contra la circuncisión femenina en los países africanos y árabes—, cuando me informaron del particular sentido de mi visita, me replanteé seriamente seguir adelante con el proyecto.

Como mujer afroamericana que soy, estaba más que familiarizada con los mecanismos (a menudo inadvertidos) que pone en marcha el racismo, al tiempo que cuestionaba la cerril obsesión de la literatura feminista estadounidense por el tema de la ablación femenina que padecen las mujeres africanas. Pues, con frecuencia, esa clase de críticas parecen insinuar que las mujeres que viven en la veintena de países donde aún se practica esta anticuada y peligrosa práctica ascenderían, como por arte de magia, al estatus de igualdad tan pronto como consiguieran librarse de los grilletes de la mutilación genital; o, peor todavía, hasta que las feministas blancas del mundo occidental (quienes a menudo se atreven a ver en este asunto el «cometido de la mujer blanca contemporánea») lo conquistaran por ellas. Como bien señala la Asociación de Mujeres Africanas para la Investigación y el Desarrollo:

> Esta nueva cruzada emprendida por Occidente ha mostrado las costuras morales y culturales típicas de la mentalidad judeocristiana: valores como agresividad, ignorancia o incluso desprecio, paternalismo y activismo son los elementos que han enfurecido y luego escandalizado a mucha gente de bien. En su empeño por llegar hasta su propia audiencia, estas combatientes han caído en el sensacionalismo y se han vuelto insensibles a la dignidad de esas mismas mujeres a las que pretenden «salvar». Al obrar de este modo, son totalmente inconscientes del racismo latente que esta clase de campañas suscitan en países donde los prejuicios etnocéntricos se encuentran tan arraigados. Además, como están convencidas de que la suya es una «causa justa», olvidan que esas mujeres de una raza y una cultura distintas de las suyas también son seres humanos, y que la solidaridad solo emerge sobre la base de la autoafirmación y el respeto mutuo.[72]

72 «A Statement on Genital Mutilation», documento publicado por la Asociación de Mujeres Africanas para la Investigación y el Desarrollo e incluido

La dinámica aludida en el párrafo anterior no difiere demasiado de la que caracterizó la histórica campaña emprendida por las feministas estadounidenses en favor del derecho al control de la natalidad. Desde este punto de vista, no es difícil entender por qué razón aquel movimiento, por benévolas que fueran sus intenciones, despertó la hostilidad de muchas mujeres afroamericanas, pues nos retrataba con frecuencia como seres bestiales y extremadamente sexuales, que se reproducen indiscriminadamente hasta el punto de suponer una amenaza para el poder de la mayoría blanca.

Durante los años en que me invitaron a pronunciar conferencias en diversas universidades de Estados Unidos, pude conversar con un número ingente de mujeres que no tenían ni la más remota idea del modo en que viven las mujeres en Egipto o Sudán, si dejamos a un lado el asunto de la mutilación genital femenina. Me llama la atención hasta qué punto estas universitarias, si bien no dudan jamás en expresar su repulsa y su profundo desagrado ante la mera idea de la ablación, rara vez se inmutan al conocer las medidas tan extremas que adoptan muchas mujeres en Estados Unidos cuando acuden al quirófano con el fin de modificar su cuerpo y ajustarlo a los estándares de belleza machistas. Por si esto fuera poco, tampoco suele admitirse que, antes de lanzarnos a dictaminar cuáles son las medidas que deberían adoptarse para erradicar esa práctica misógina, tal vez convendría formarse una imagen más profunda de las formas de opresión que padece la mujer en todos esos países. En mi caso, antes de viajar a Egipto, me di cuenta de que no podía escribir sin cargo de conciencia ni una sola palabra acerca de la mutilación genital

en Miranda Davies (ed.), *Third World, Second Sex,* Zed Books, Londres, 1983, pp. 217 y 218.

o de cualquier otra forma de opresión sexual vigente en Egipto sin dar ese paso previo: ser consciente de lo manipulados que están estos problemas en manos de personas que omiten la importancia del contexto político-económico más amplio que impone el patriarcado.

Teniendo en cuenta la naturaleza de mi visita a Egipto, me decepcionó muchísimo enterarme de que Nawal El Saadawi, la intelectual feminista de renombre mundial y presidenta de la AWSA, estaría en el extranjero durante los días de mi estancia en el país. Para mayor ironía, estaba previsto que la activista egipcia pronunciara una serie de ponencias en Estados Unidos precisamente durante el mismo periodo que a mí me dispensaban de mis labores docentes para poder viajar a El Cairo. Por suerte, como Nawal tenía la intención de pasar en Estados Unidos un tiempo considerable, pude reunirme con ella tras volver a casa. Me la habían presentado el año anterior con motivo de un congreso celebrado en la bahía de San Francisco y, seducida por su personalidad y sus brillantes ideas, ardía en deseos de coincidir con ella otra vez en Nueva York.

El itinerario propuesto por la AWSA se había diseñado con la intención de permitirme estrechar lazos con el mayor número posible de mujeres. El programa incluía una serie de asambleas multitudinarias relativamente formales, pequeños debates y encuentros individualizados. Responsables políticas, sociólogas, escritoras, artistas, sindicalistas, estudiantes y campesinas eran apenas algunos de los perfiles que encarnaban las decenas de mujeres con las que debía reunirme. El caso es que, cuando me senté junto a mi compañera de viaje, con el cuerpo agotado por las diecisiete horas de avión —seguidas de un intento infructuoso por echarnos una siesta aquella misma tarde—, tenía la mente un tanto espesa, así que me asaltó la duda acerca de si sería capaz de asimilar la enorme cantidad de información que iba a recibir en los días posteriores. Sugerí a Debra que nos levantáramos temprano a la mañana siguiente para dar un paseo a orillas del Nilo antes del desayuno. Confiaba en que un poco de aire fresco, combinado con algo de ejercicio bajo el influjo de aquel antiguo río, me ayudara a despejar la cabeza antes de zambullirnos en las entrevistas y reuniones que nos reservaba el día.

Sin embargo, ese paseo por el Nilo me suscitó muchas más ideas de las que esperaba. Justo cuando mi colega y yo estábamos comentando el marcado contraste que observábamos entre las mujeres que llevaban la cabeza descubierta y las que iban ataviadas con diversos velos, nos topamos con un polvoriento y precario quiosco instalado al borde del río, en medio de una de las zonas más concurridas de la ciudad. De repente, del lóbrego interior asomaron dos hombres que, a todas luces, acababan de despertarse de su sueño nocturno. Al instante, me acordé de todo aquel gentío que pasaba las noches en el cementerio. Ese era el legado que la política económica de puertas abiertas impuesta por Sadat les había dejado: la irrupción descontrolada de empresas transnacionales sobre suelo egipcio que, bajo el pretexto de fomentar el despegue financiero del país, se habían llenado los bolsillos y aumentado el desempleo, la pobreza y el número de personas sin hogar. Con respecto a esta cuestión, en una de las muchas reuniones a las que asistí durante los días siguientes, escuché este comentario sobre los efectos de la pobreza en las relaciones sexuales de la población egipcia:

> Imagina una familia de El Cairo con cinco o seis hijos a su cargo. Supongamos que viven hacinados, todos ellos, en la misma habitación. Si el cuarto dispone de dos sofás y una cama, es muy probable que

asignen un niño a cada sofá y reserven el colchón para el padre y la madre, de modo que los tres hijos restantes deberán dormir debajo de la cama. ¿Qué clase de relaciones sexuales pueden mantener sus padres en tales condiciones? En cualquier caso, aunque la vida sexual resulte tan problemática, para estas personas no deja de ser una preocupación secundaria.

Acabado el desayuno, cruzamos la calle de El Tahir, donde se encontraba nuestro hotel, y caminamos un breve trecho hasta llegar al apartamento de Shahira Mehrez, una de las anfitrionas que había acudido a recibirnos la víspera al aeropuerto. Por su parte, la secretaria general de la AWSA, Mona Aboussena, nos estaba esperando para acompañarnos al Centro Nacional de Estudios Sociológicos y Criminológicos, donde entablamos, sin perder un segundo, diversas conversaciones con un grupo de mujeres que se habían congregado con motivo de nuestra visita. Tal como me esperaba, la incisiva crítica de mis interlocutoras a la descripción del proyecto en el que me había embarcado no se hizo esperar. Así, la integrante más franca del grupo, Shehida Elbaz, se apresuró a señalar que la campaña contra la ablación enarbolada por Occidente alimentaba una impresión rotundamente falsa: creer que esa forma de mutilación genital femenina constituía el principal vector de opresión machista que sufrían las mujeres musulmanas. «Las mujeres occidentales deberían saber», señaló Shehida,

que tenemos nuestra propia postura en relación con su forma de entender los asuntos y problemas que nos atañen. Rechazamos de plano su actitud condescendiente, resultado de un montón de dinámicas coloniales enterradas que otorgan a esas mujeres cierta sensación de superioridad. Siempre puede ocurrir que algunas de estas personas

> no actúen así deliberadamente, pero eso no cambia nada. Al final siempre son ellas quienes establecen cuáles son nuestros problemas y cómo deberíamos afrontarlos, a pesar de que carecen siquiera de las herramientas suficientes para saber de qué están hablando.

A continuación, Elbaz expuso lo que ocurrió en un debate público al que había asistido en Inglaterra, durante el cual se enfrentó a varias asistentes después de que estas declararan que erradicar la ablación femenina debía ser el objetivo prioritario en la búsqueda de la emancipación de la mujer en países como Egipto, Sudán y Somalia.

> Les repliqué: «Yo, por ejemplo, he vivido en El Cairo toda mi vida. Por ende, no me siento legitimada para hablar en nombre de las campesinas sin emprender de antemano una investigación *in situ.* Si esto es así, ¿qué iba a permitirte a ti decidir por nosotras, que vivimos tan lejos de tu entorno? Pues, la verdad sea dicha: no tenéis ni idea sobre nuestra cultura, nuestro pasado o nuestro nivel de desarrollo».

Cuando hubo dejado claras sus diferencias con las posiciones más cacareadas de la campaña occidental contra la ablación, la doctora hizo gala de su generosidad compartiendo con nosotras información fascinante acerca de los cambios más recientes en las actitudes hacia el sexo registrados en Egipto. Y, a pesar de que Shehida abundaba sobre todo en sus experiencias personales, se esmeraba siempre por enmarcar todas sus observaciones dentro de sus respectivos contextos económicos y políticos. Sus lecturas apuntaban a un asunto recurrente: cómo, en los años sesenta, antes del Gobierno de Sadat y, sobre todo, de que se alcanzaran los acuerdos de Camp David que trajeron consigo la política de puertas abiertas, las mujeres gozaban de una libertad mucho mayor con respecto a la tutela patriarcal que en el momento presente. Por decirlo de otro modo: como consecuencia directa de los flamantes vínculos entre Egipto y Estados Unidos o Israel, las mujeres habían sufrido un retroceso en su grado de emancipación económica, política e incluso sexual. Por lo que a mí respecta, la franqueza de esta ciudadana egipcia me causó una honda impresión y contribuyó a que me sintiera mucho más relajada de lo que me esperaba.

De hecho, tal vez me relajé demasiado. A fin de cuentas, me encontraba sumergida dentro de una esfera cultural a la que, hasta entonces, solo había accedido mediante acercamientos puramente intelectuales. Sea como fuere, lo cierto es que lo ocurrido aquella misma noche en el curso de una cena celebrada en casa de Shahira Mehrez me pillaron desprevenida. En primer lugar, para cuando Debra y yo nos presentamos allí, un buen número de mujeres ya se nos habían adelantado. Al principio, pude charlar con varias de ellas por separado acerca de su trabajo, y entendí que casi todas las presentes hacían cuanto estaba en su mano para mejorar la situación de la mujer en Egipto. Mientras iba de un asiento a otro en torno a la mesa circular de latón tan típica de esta tierra, tuve ocasión de conversar primero con una profesora de Sociología, luego con una periodista y, más tarde, con la conocida artista y activista por la paz Inji Effiatoun, que me regaló un catálogo donde aparecía el retrato que me había dedicado, correspondiente a mis días en la cárcel.

Al cabo de un rato, fueron llegando más y más invitadas, por lo que Mona Aboussena me pidió dedicar unas palabras algo más formales a las cerca de treinta y cinco mujeres reunidas para la cena. Así pues, tras subrayar la importancia del próximo Foro organizado para clausurar el Decenio de la Mujer en Nairobi, les confesé el motivo de mi viaje a Egipto: se me había pedido que visitara su tierra —al igual que otras muchas mujeres de todo el mundo visitaban otros tantos países— con el fin de preparar un artículo basado en mis vivencias, por fugaces que fueran, en compañía de las mujeres egipcias. En cuanto mencioné que el trabajo giraría en torno a «las mujeres y el sexo», al instante se desató un caos que no me dejó ni siquiera explicar cuál era el enfoque que pensaba adoptar. La evidente hostilidad que me llegaba desde todos los rincones de la sala me hizo lamentar no haber formulado mis ideas de un modo distinto y evitar la indignación espontánea que se había producido solo con pronunciar la palabra «sexo».

En un primer momento, debí de reprimir mi respuesta emocional pues, para cuando pude por fin intervenir, reaccioné más bien a la defensiva. Con todo, muy pronto quedó claro que, a juicio de mis compañeras, la mera idea de que el sexo pudiera encarnar el tema central de un artículo dedicado a las mujeres egipcias era tan reprochable que no habría forma humana de apaciguar los ánimos, por mucho que matizara mi punto de vista. Aun a regañadientes, quedé convencida: no merecía la pena defender más mi postura. Al fin y al cabo, ¿no me encontraba en Egipto con el fin de descubrir de primera mano qué papel otorgaban aquellas mujeres a la sexualidad en sus vidas y sus luchas? ¿Y no estaba yo acaso interesada en conocer, sobre todo, su opinión sobre el triste chovinismo que caracteriza las ideas profesadas en los países capitalistas en relación con la dimensión sexual de la vida de las mujeres árabes? Consciente de estas premisas, me dije que, detrás de esas diatribas —cuya animosidad parecía apuntar contra mí—, se escondía una importante lección.

«Angela Davis visita el Tercer Mundo», sentenció Latifa Zayat, a quien me habían presentado poco antes de nuestra cita. Y añadió:

> Tu nombre y tu carácter son archiconocidos gracias a tus luchas. ¡Qué bien le viene eso a una sociedad tan rica como la tuya para utilizarte y seguir aprovechándose de nuestro país! [...] Yo, si he venido a verte esta noche es precisamente por eso: porque eres Angela Davis. Si fueras una simple investigadora estadounidense más, hoy no estaría aquí contigo. De hecho, habría boicoteado esta reunión, porque tengo claro que esta clase de investigaciones nos pintan como animales. Nos usan como cobayas. Sabotearía la labor de cualquier americana que viniera a investigar en persona cómo vivimos las mujeres árabes, pues conozco bien cómo nos ponen a prueba, nos encierran en sus moldes o usan la sexualidad como una excusa para definirnos, todo ello por razones que nada tienen que ver con nuestro propio interés.

Zayat, una veterana líder muy respetada en las filas progresistas, aclaró que, si había expresado esas críticas, era para ayudarme a entender mejor las reacciones de nuestras colegas. Poco después, otra mujer le tomó la palabra:

> Le harías un tremendo favor a la causa del feminismo en el Tercer Mundo si te limitaras a decirle a la gente que las mujeres de países como el nuestro se niegan a que las traten como objetos o experimentos sexuales. Lo único que queremos es ser ciudadanas libres, emancipadas, y vivir en igualdad, pero sobre todo en términos económicos, no en un sentido sexual.

Al decir esto, dudo mucho que mi compañera pretendiera restar importancia a la búsqueda de la igualdad sexual. Más bien, parecía sugerir que cuestionar esa forma específica de desigualdad no ayudaría a resolver los problemas asociados a la dependencia económica que padecen las mujeres ni pondría fin a su exclusión de la esfera política, por no hablar de otros dilemas como la explotación y la pobreza que padecen por igual las mujeres y los hombres de países tercermundistas.

Cuando, tiempo después, tuve ocasión de reflexionar con calma sobre la conversación que habíamos mantenido durante aquella velada, empecé a preguntarme si sería capaz, en tan poco tiempo, de superar los enfoques habituales basados en la sexualidad y dejar atrás las delicadas posturas propias de los investigadores de países capitalistas. Apenas dos días después, durante una reunión celebrada en la sede de la Asociación Hoda Shaarawi —cuyo nombre rinde homenaje a la fundadora del movimiento feminista egipcio—, mis palabras suscitaron reacciones igual de intensas. En esta ocasión, Shehida Elbaz, con quien ya había conversado previamente, me espetó que más me habría valido rechazar de plano el encargo de ese artículo sobre la sexualidad ya que, para ella, el texto ni siquiera admitía un enfoque crítico.

> Me indigna saber que os hacen encargos sobre este tema. Porque, si bien considero que has defendido muy bien tu postura, todo esto me suscita otra pregunta: ¿qué papel otorga Occidente a mujeres revolucionarias como nosotras? A mi modo de ver, encargos como el tuyo reflejan a la perfección cuál es la división internacional del trabajo impuesta al Tercer Mundo por parte de los países capitalistas más desarrollados. En el fondo, es Occidente quien ha decidido que, mientras en Inglaterra el problema del momento es «las mujeres y la política», en Egipto la mayor preocupación sería «las mujeres y el sexo». Este doble rasero nos demuestra que los occidentales consideran más importante la participación de las mujeres en la vida política de Inglaterra que en la de Egipto. Y esto por mucho que, bien mirado, las ciudadanas inglesas ya están mucho más involucradas en la vida política de su tierra de lo que lo estamos nosotras. En el fondo, posturas como esta tienen muy

poco de radicales o de revolucionarias, y no creo que socaven lo más mínimo el sistema capitalista internacional.

Todas las presentes parecían estar de acuerdo en que la tesis política subyacente al reparto de temas que había dado lugar —conscientemente o no— a mi encargo no representaba en modo alguno la causa de las mujeres egipcias. A fin de cuentas, ¿por qué motivo no se emprendían estudios similares acerca del sexo en lugares como Inglaterra o Estados Unidos? ¿Acaso la persistencia de la ablación en Egipto o el uso habitual del velo en las ciudades de este país permitía concluir, sin más, que la opresión de la mujer en Egipto era, ante todo, de índole sexual? ¿O, más bien, se había vendido esa imagen con ánimo sensacionalista?

Con todo, varias de las mujeres —y también un hombre— que formaban parte de mi audiencia señalaron que la sexualidad no era algo que pudieran pasar por alto quienes de verdad buscamos la emancipación de la mujer. En especial, me conmovió la sentencia de mi joven oyente: «Las mujeres no podrán dar rienda suelta a su creatividad hasta que se liberen de las cadenas sexuales». Por su parte, Nadja Atef, a quien tuve ocasión de conocer más tarde, aludió a la responsabilidad de las mujeres egipcias de expresar y hacer valer en público su punto de vista sobre todo lo referente a la sexualidad:

> Nos guste o no, tenemos que hacernos cargo del asunto de la sexualidad. De lo contrario, no le habríamos dedicado tanto tiempo —ni entusiasmo— al tema, que nos ha empujado a olvidar por completo el resto de las preocupaciones durante un buen rato. Como tal, se trata de una cuestión espinosa para nuestra sociedad, por lo que, en mi opinión, deberíamos practicar la autocrítica con el fin de averiguar qué papel nos corresponde. Tal vez nuestro deber sea escribir sobre

> ello. O, quizá, lo que debemos hacer es comenzar a exponer nuestra postura en los foros y ante las editoriales extranjeras. Si el tema nos molesta, hablemos sin tapujos de una vez. ¿Por qué motivo nos incomoda tanto? Cada vez que alguien pronuncia la palabra «sexo», reaccionamos igual que en las famosas pruebas de estímulo-respuesta: saltamos como locas.

Estas palabras de Nadja suscitaron un prolongado aplauso. Esa misma noche, cuando pude charlar con Sherif Hatata —marido de Nawal El Saadawi, además de su colaborador habitual—, le pedí que me diera su opinión sobre la relación entre las esferas sexual y política en la vida de las mujeres egipcias. Su respuesta fue muy clara: el yugo sexual impuesto sobre tantas ciudadanas se traducía, por ejemplo, en la prohibición del ejercicio de la actividad política. «No hay forma de convocar una asamblea política destinada expresamente a las mujeres jóvenes cuando sabes que la mayoría de ellas no pueden salir de casa pasadas las siete de la tarde». Mientras se siga considerando a las mujeres una propiedad sexual de sus maridos —actuales o futuros—, la capacidad de estas para poner en marcha las transformaciones institucionales que acaben con el machismo será muy limitada. Esta dialéctica nos impide, por un lado, abordar de forma aislada las cuestiones sexuales, pero también nos exige entender tales problemas como un prerrequisito para emprender una lucha más amplia.

La inmensa mayoría de las egipcias con las que hablé eran mujeres con estudios vinculadas a entornos urbanos. Otras muchas, sin embargo, vivían en aldeas humildes según estilos de vida muy alejados de los del grueso de mujeres egipcias. Por poner un ejemplo, una de estas mujeres me contó lo siguiente:

> En cierta ocasión, conocí a una chiquilla de trece años que vivía en el Alto Egipto. Según me confesó, «a los ojos del Gobierno, ni siquiera he nacido. Carezco de certificado de nacimiento. No estoy escolarizada. Mi nombre no aparece en ningún documento oficial. Un buen día nací, y algún día moriré, pero para el Gobierno sencillamente no existo. Como si nunca hubiera estado aquí».

Es cierto que la tradición de la ablación femenina va quedando poco a poco obsoleta en grandes ciudades como El Cairo o Alejandría. Sin embargo, a menudo se ignora hasta qué punto sigue estando extendida en el resto del país. A este respecto, la mayoría de las mujeres con las que hablé se oponían de lleno a la práctica de la mutilación genital. Muchas de ellas, personas de mi generación e incluso mayores, al hablarme de sus experiencias me explicaron que, aunque ellas sí habían sido circuncidadas, habían decidido romper con esta dinámica en el caso de sus hijas. De hecho, las chicas más jóvenes que conocí en mi viaje —casi todas estudiantes— no habían sufrido en absoluto esta práctica.

Con su pionero trabajo sobre la situación de las mujeres en el mundo árabe, *La cara oculta de Eva,* Nawal El Saadawi se convirtió en una de las primeras investigadoras que introdujeron en el debate público el tema de la ablación femenina. En el libro, la autora describía incluso su propia experiencia, vivida cuando tenía tan solo seis años. Según relata Nawal, cierto día, un grupo de familiares la arrancaron de la cama —con tal violencia que la niña pensó que se trataba de un hatajo de ladrones que se habían colado en casa en mitad de la noche— y la llevaron a la fuerza hasta el cuarto de baño, donde la sometieron a la operación mutiladora.

> Pasado un momento, me di cuenta de la fuerza con que me habían separado los muslos, pues habían logrado atarme las piernas —lo más lejos posible la una de la otra— con ayuda de unos ganchos de acero cuya presión no aflojaron en ningún momento. En cuanto vi la cuchilla, lo primero que pensé fue que se dirigía directa hacia mi garganta. Pero entonces, de repente, la afilada hoja metálica descendió hacia mi entrepierna y rebanó un trocito de mi cuerpo. La mano que me tapaba la boca no pudo acallar mi grito de dolor, pues lo que sentía era algo más que dolor: una llama abrasadora me atravesaba el cuerpo por completo.[73]

Los estudios realizados por Saadawi diez años atrás indicaban que alrededor del 97,5% de las familias árabes sin escolarizar y el 66,2% de las familias con estudios seguían viendo con buenos ojos aplicar la clitoridectomía a sus hijas. En concreto, visité un pueblo a las afueras de la ciudad de El Mansura y, aunque no pude entablar conversaciones directas con los habitantes debido a la barrera del idioma, sí logré concertar algunas entrevistas de manera indirecta. Las cinco mujeres a la que conocí allí habían sido circuncidadas. Todas tenían unos veinte años. Reconozco que aquel fue uno de los momentos más duros de mi viaje. La mayoría de las mujeres egipcias son campesinas, y yo apenas disponía de unas pocas horas para intentar entenderme con ellas, pese a que ignoraba su lengua por completo. Siendo sincera, ¿cómo iba a otorgarles a aquellos encuentros algo más que un valor simbólico? Me paré a pensar en un libro que había leído hacía poco: *Khul-Khaal,* un compendio de relatos orales proporcionados

73 N. El Saadawi, *The Hidden Face of Eve,* Zed Books, Londres, 2007, p. 7; hay edición española: *La cara oculta de Eva,* M. L. Fuentes (tr.), Kailas, Madrid, 2017.

por campesinas egipcias a la autora, Nayra Atiya. Pese a que también es egipcia, Atiya tardó cinco largos años en reunir los materiales que dieron lugar al libro, en cuyas páginas las mujeres presentadas se abren a contar sus vidas y exponen sin pelos en la lengua su punto de vista sobre ritos de iniciación sexual como la ablación o la pérdida de la virginidad.

Teniendo todo esto en cuenta, podemos afirmar que el punto crucial del asunto —al menos, según lo entienden las mujeres y los hombres árabes de ideas progresistas— no es tanto si la ablación sigue siendo una práctica cultural aceptable en nuestros días, sino más bien cuál sería la estrategia más acertada para convertir de una vez este rito en un fósil del pasado. Como bien señala Nawal El Saadawi,

> la mutilación del clítoris —y, en ocasiones, también de otros órganos genitales externos de la mujer— es inseparable del lavado de cerebro al que se somete a las niñas, fruto de una inhumana campaña diseñada para aniquilar su capacidad de pensar, juzgar y comprender las cosas por sí mismas. Es así como se ha ido construyendo, con el paso de los siglos, todo un sistema que incapacita a las mujeres para ser conscientes de la explotación que sufren y comprender sus causas.[74]

Al menos una mujer con la que pude hablar durante mi estancia en Egipto había participado de manera directa en una campaña contra la circuncisión femenina: Azziza Hussein, la presidenta de la Asociación de Planificación Familiar. De hecho, esta militante ha pronunciado numerosas ponencias sobre el tema en el marco de varias conferencias internacionales e intenta, a través de la red que le ofrece su asociación, educar a las madres y a las comadronas que realizan las

74 *Ibidem*, p. 5.

circuncisiones sobre la necesidad de erradicar esta práctica. Además, tal vez debido a su grado de implicación en las acciones directas con respecto a la difusión de anticonceptivos entre las mujeres árabes, Azziza también considera muy oportunas las campañas de acción inmediata para erradicar la mutilación genital femenina.

> Hago lo posible por atajar el problema, que afecta a nuestra sociedad de muchísimas maneras. Así pues, tras estudiar el asunto a conciencia, hemos decidido tomar cartas en el asunto. En concreto, intentamos llegar hasta aquellas personas que pueden hacer algo para abandonar la práctica; es decir, apelamos sobre todo a enfermeras y matronas. Con su ayuda, instauramos un Comité Nacional acerca de este tema en 1979. […] Por otra parte, hemos contribuido a romper muchos tabúes con respecto al sexo al comenzar a hablar de planificación familiar. Todo esto nos lleva a pensar que podemos abordar también el problema de la ablación.

Aunque, según manifestó durante nuestro encuentro, Azziza Hussein aboga de manera rotunda por atacar el problema de frente, no se plantea por ello aislarlo de su contexto social más amplio.

En relación con esto, aunque fuera posible asegurar el éxito de una campaña aislada contra la mutilación genital femenina, esto no cambiaría el hecho de que las mujeres egipcias apenas representan el 10% de la población activa del país. Del mismo modo, el 71% de la población femenina seguiría siendo analfabeta. Y el estatus que se asigna a las mujeres con respecto a asuntos como la poligamia, el divorcio y la tutela no dejaría de regirse por las imposiciones sociales.

En realidad, la relación que existe entre este importante asunto de índole sexual y los factores socioeconómicos que explican la opresión de la mujer es muy sencilla: el primero se encuentra, a todas luces, condicionado por los segundos. A decir verdad, no parece previsible que alcancemos algún día la abolición universal de la circuncisión femenina si no incrementamos antes la integración de las mujeres en la población activa, aumentamos con creces la tasa de alfabetización femenina y elevamos el estatus personal de la mujer dentro de la familia. Además, estos cambios tan concretos en la situación de la mujer tampoco pueden considerarse realidades al margen de otras transformaciones de mayor calado en el conjunto de la sociedad: nos referimos a vectores como el desarrollo económico o el progreso social, que alterarían profundamente la vida de todas las mujeres y los hombres de Egipto.

Muchas de las mujeres con las que dialogué hicieron hincapié en la enorme importancia que otorgaban a otra batalla en curso: la que afecta al estatus de la mujer dentro del derecho de familia egipcio. De hecho, las sucesivas enmiendas aprobadas en 1979 por la Asamblea Nacional con respecto a la ley sobre el estatuto femenino habían supuesto los primeros cambios en esta parcela legal en cincuenta años. La norma en cuestión afectaba al derecho del hombre a divorciarse de su esposa y a contraer matrimonios múltiples de forma unilateral. Es decir, otorgaba al varón el derecho a tratar abiertamente a la mujer como si fuera su propiedad sexual. Las enmiendas mencionadas, si bien no abolieron el derecho del marido a divorciarse de su esposa cuando quisiera —y sin necesidad de pasar por el juzgado—, al menos obligaban al hombre a informar de inmediato a su esposa al respecto. Asimismo, aunque el hombre preservó el derecho a contraer matrimonio con hasta cuatro esposas al mismo tiempo, tal como autoriza la *sharía* o ley islámica, estas enmiendas le imponían la obligación de comunicar a sus esposas actuales o potenciales su estado civil y sus intenciones futuras.

Huelga decir que, pese a estos avances, la desigualdad fundamental que padece la mujer en el seno del núcleo familiar permanece inalterada. A pesar de ello, en los últimos tiempos se están llevando a cabo esfuerzos, alentados por ciertos actores ligados al fundamentalismo islámico, por derogar esas leyes progresistas con el argumento de que son supuestamente inconstitucionales. Si esto llegara a ocurrir, los escasos derechos que las mujeres han logrado conquistar en relación con el matrimonio quedarían anulados. Por ejemplo, las mujeres divorciadas perderían el derecho a percibir una pensión alimenticia durante los dos años posteriores al divorcio (o incluso más tiempo si el matrimonio ha sido especialmente largo), por lo que el marido solo tendría que abonar estas pagas durante un año, como dictaba la ley antes de las enmiendas. Además, la mujer divorciada que ostentara la custodia de sus hijos dejaría de tener garantizado el derecho a una vivienda, que actualmente debe proporcionarle su exmarido. En lugar de ello, se vería forzada a abandonar el hogar conyugal y a refugiarse de nuevo bajo el techo de sus padres. Por otro lado, las enmiendas promulgadas en 1979 ampliaron el derecho de las mujeres a solicitar el divorcio, a pesar de que esta autonomía no era en absoluto comparable a la que disfrutaban los hombres. Así, cuando es ella quien inicia los trámites, se contempla un periodo de espera de nueve meses, durante los cuales el tribunal trata de mediar en el conflicto. Solo en caso de que ese intento fracase, el divorcio queda ratificado. En cambio, cuando es un hombre quien solicita el divorcio, el proceso se ejecuta sin demoras. Las enmiendas también amplían los límites de edad máximos impuestos a la custodia de los hijos en el caso de la esposa, fijados previamente en siete años para los niños y nueve para las niñas, con posibles ampliaciones hasta nueve y once años, respectivamente. Además, con respecto a este asunto, las actuales enmiendas exigen que la custodia recaiga automáticamente sobre la madre hasta que el niño cumpla nueve años y la niña once, con la posibilidad de prorrogar este régimen hasta que el hijo varón cumpla quince años y las hijas se casen.

Al hilo de este debate, Azziza Hussein señaló las implicaciones más importantes de estas enmiendas con respecto a la capacidad de las mujeres para avanzar hacia la independencia económica.

> Otro aspecto novedoso y crucial de las enmiendas lo tenemos en que estas ratifican el derecho de la mujer al trabajo. Por consiguiente, su acceso al mercado laboral ya no depende de la aprobación del marido. En el pasado, cuando una mujer trabajaba en contra de los deseos de su marido, se la incluía legalmente en la categoría de esposas consideradas *nashez* o «desobedientes». A partir de ese momento, perdía el derecho a reclamar la manutención por parte de su marido, quien ostentaba, en cambio, el derecho a desatenderla. Por añadidura, el derecho de la esposa a pedir el divorcio ante los tribunales también quedaba muy mermado debido a esa etiqueta de «desobediente».[75]

La AWSA había organizado poco antes de mi visita una reunión con representantes de varios partidos políticos con el fin de presionar al Parlamento para que rechazara el proyecto de ley de los fundamentalistas. Pese a ello, como apunta Nawal El Saadawi, aunque estas mujeres se oponían al nuevo proyecto de

75 A. Hussein, «Recently Approved Amendments to Egypt's Law on Personal Status», en Michael Curtis (ed.), *Religion and Politics in the Middle East,* Westview Press, Boulder (Colorado), 1981, p. 128.

ley retrógrado, no por ello estaban totalmente satisfechas con las enmiendas de 1979. En concreto, si queremos que las mujeres sigan avanzando hasta alcanzar un estatus de igualdad en el núcleo familiar, antes es preciso prohibir la poligamia por completo y garantizar que las mujeres tengan los mismos derechos que los hombres con respecto al divorcio. Además, tal como reivindican muchas ciudadanas, las mujeres deben conquistar también la igualdad económica si quieren disfrutar de una mayor equidad en su estatus personal.

Por lo que se refiere al papel de la mujer dentro de la familia, se están produciendo importantes cambios estructurales como consecuencia de la emigración de mano de obra egipcia fuera del país. A fecha de hoy, unos dos millones de egipcios trabajan en el extranjero —principalmente en los países del Golfo—, en su mayoría campesinos y hombres procedentes de las clases trabajadoras. Tal y como apunta Sherif Hatata, por primera vez en la historia de Egipto, un gran número de hombres casados abandonan a sus familias para salir del país por motivos ajenos al servicio militar:

> Esto hace recaer sobre las mujeres la responsabilidad de cultivar el campo y cuidar de la familia en su conjunto. Ante la ausencia de los varones, las mujeres son ahora quienes deben tomar las decisiones. Precisamente por eso, cuando los hombres regresan, las relaciones de pareja se enfrentan a enormes dificultades.

Sin duda, este fenómeno de tipo económico afecta de lleno al machismo estructural presente en las familias.

En varias ocasiones durante mi visita, pregunté también por el panorama de las violaciones cometidas en Egipto. Mis interlocutoras me dijeron que, en los últimos años, había aumentado el número de agresiones sexuales. Pese a ello, me encontré con una respuesta de incredulidad unánime cuando, en el marco de una reunión, mostré algunos datos relativos a la incidencia de las agresiones sexuales en Estados Unidos. En particular, Aamina Shafix, periodista y miembro destacada del Partido Nacional Unionista y Progresista de Egipto, relacionó el aumento de las violaciones en el país africano con el deterioro generalizado de las condiciones que afectan a la mujer desde el final de la era Nasser. En concreto, culpó de esta situación a la difusión masiva de productos culturales capitalistas como la pornografía. Aunque la violación es un delito castigado en Egipto con la pena capital, a menudo se desestiman los cargos impuestos contra los violadores alegando que las víctimas eran personas promiscuas. Mona Aboussena me contó un caso reciente: una joven había sido violada por un grupo de cuatro hombres que, por si fuera poco, le habían robado el dinero. Pues bien, la denuncia de esta joven se acabó desestimando debido a la «condición de la agredida», es decir, porque el juzgado la consideraba una prostituta o entendía que estaba «sexualmente familiarizada» con los hombres. Este problema, por supuesto, no es exclusivo de Egipto ni afecta únicamente al mundo árabe. La imagen ambivalente de las mujeres como vírgenes y putas es un elemento inseparable del concepto de feminidad propio de la tradición judeocristiana.

Entre la población urbana más joven —y, en especial, entre las estudiantes—, las actitudes sociales que determinan la situación que vive la mujer empiezan a ponerse en entredicho, sobre todo cuando se tiene en cuenta que dichas condiciones han ido experimentando cambios (aunque superficiales) en los países capitalistas. Sin embargo, cuanto más cuestionan estas ciudadanas la necesidad de demostrar su virginidad de cara al matrimonio, más intensamente experimentan el choque entre los valores emergentes y la mentalidad tradicional. Así pues, aunque el desmantelamiento de este doble rasero con respecto al derecho de las mujeres a mantener relaciones sexuales sin estar casadas es uno de los requisitos para alcanzar la emancipación femenina, lo cierto es que, durante este periodo de transición cultural, muchos hombres se aprovechan de esa excusa —fomentar, supuestamente, la libertad sexual de las mujeres— para tener sexo con sus novias, con quienes luego se niegan a casarse porque estas ya no son vírgenes. Esta es la razón por la que muchas jóvenes pequeñoburguesas se ven obligadas a someterse a una operación quirúrgica de reconstrucción del himen que les permita optar de nuevo al matrimonio.

Visto así, presentar el proyecto de emancipación sexual como una mera «liberación de la mujer» conlleva riesgos, algo que ya denunciaron las estadounidenses de mi generación en los años sesenta. Por aquel entonces, la amplia difusión de la píldora anticonceptiva se empleó para afirmar, sin más, que las mujeres estábamos avanzando hacia la emancipación sexual. Por desgracia, lo cierto es que este adelanto trajo consigo formas de explotación encubiertas: desde el momento en que tomaban la píldora, evitar quedarse embarazadas ya no era una excusa válida para negarse a mantener relaciones sexuales con los hombres. Por eso, no es ninguna casualidad que la llamada «revolución sexual» trajera consigo, casi de inmediato, una ola feminista.

Según vayan calando las medidas de control de la natalidad en Egipto —sobre todo, en el contexto de la incesante invasión cultural capitalista que ejercen los países occidentales—, los problemas vinculados a la conducta sexual de las mujeres jóvenes egipcias no dejarán de agravarse. En este sentido, aunque toda mujer debería ostentar siempre la soberanía sobre los procesos reproductivos que afectan a su cuerpo, tratar de conciliar estas tecnologías de control reproductivo con las dinámicas propias del capitalismo inevitablemente dará lugar a problemas. Por poner un ejemplo, hasta hace cuatro días, la televisión mostraba anuncios promocionales sobre preservativos, de acuerdo con los modelos de publicidad pensados para ofrecer al público egipcio una plétora de artículos del gusto capitalista —pese a que la inmensa mayoría de estos telespectadores no pueden permitírselos—. Pues bien, aunque las protestas suscitadas por estas promociones acabaron provocando su retirada de las emisoras, las calles de El Cairo siguen llenas de pancartas con anuncios de condones Top. Una tarde, mientras conducía por una de las zonas comerciales de la capital, vi con mis propios ojos uno de estos letreros, colocado al lado de un cartel que anunciaba la película *La tentación vive arriba,* donde Marilyn Monroe lucía su célebre escote palabra de honor. Además, aunque los abortos son ilegales en Egipto, al parecer despiertan mucho menos revuelo que en Estados Unidos. De hecho, Shahira Mehrez me aseguró que, llegado el caso, muchas egipcias no tendrían reparos en contarme cuántos abortos han sufrido, pero en cambio nunca admitirían haber tenido un amante.

El enorme número de mujeres que se ven obligadas a vivir bajo el yugo masculino, tan terriblemente lento a la hora de acoger cambios, lo revela también la creciente popularidad del velo. La mayoría de las mujeres con las que hablé del tema —a excepción de unas cuantas que habían decidido no vestir esta prenda— destacaron el llamativo aumento, a lo largo de los últimos años, del número de mujeres que lo usaban. Por supuesto, durante mucho tiempo, el velo se ha considerado un símbolo de la opresión machista asociada a la cultura islámica. De hecho, se tiende a creer que, por culpa de este pedazo de tela, las mujeres musulmanas padecen un sexismo mucho más profundo que el de sus homólogas occidentales. La obsesión de los intelectuales occidentales por el velo —al igual que ocurre con los recientes y miopes enfoques acerca de la ablación— distorsionan con frecuencia los intentos de analizar con calma la situación de la mujer en los países árabes. Tal como señala Irene Gendzier en su prólogo a la edición estadounidense de *La cara oculta de Eva:*

> El uso del velo, ese manido símbolo que ha acabado desbancando cualquier otro análisis sobre el estatus social y las condiciones laborales de la mujer musulmana, se suele vincular con los sectores urbanos pequeñoburgueses. A diferencia de este tipo de mujeres, las campesinas no practican la reclusión; y en su caso, además, el uso del velo sería un estorbo evidente que les impediría llevar a cabo determinados aspectos de su trabajo, sobre todo como agricultoras.[76]

Nawal El Saadawi, al analizar la historia del feminismo egipcio, lamenta que las lideresas de la primera organización de mujeres instaurada en el país —tras su fundación en 1923 por Hoda Shaarawi— no entendieran aún los vínculos entre el uso del velo y la identidad de clase. Así, al concentrar todas sus energías en eliminar el uso de esta prenda —sin preocuparse lo más mínimo por las condiciones que afectan directamente a las mujeres trabajadoras—, solo consiguieron ampliar todavía más la brecha que separaba a estas militantes de sus hermanas de clase más humilde.

> Una de las manifestaciones organizadas por el colectivo de mujeres trabajadoras acabó dando paso a otra concentración, celebrada en

76 El Saadawi [2007:xi].

> los locales de la flamante Federación de Mujeres. Por desgracia, las aristocráticas dirigentes al mando de sus actividades desatendieron por completo las quejas de estas pobres mujeres y, en su lugar, centraron sus reivindicaciones en asuntos como la abolición del velo, un tema seguramente incapaz de suscitar entusiasmo entre las más humildes, sobre todo si tenemos en cuenta que las trabajadoras de las fábricas y el campo nunca habían tenido que vestir el velo.[77]

Aunque cometeríamos un error de bulto si nos empeñáramos en asociar, de manera simplista, el tipo de opresión que sufren las mujeres musulmanas con el mero uso del velo, opino lo siguiente: la supervivencia del velo en las zonas urbanas del país sigue operando como una metáfora de la representación ideológica impuesta sobre la mujer, que se impone —aun contradiciendo otras realidades de sus vidas— a la de aquellas que nunca se han visto obligadas a vestir esa prenda. En palabras de Fatna Sabbah:

> El velo tiene un significado muy preciso: supone la negación de la dimensión económica de la mujer, un ser cuya utilidad, según dictan los principios de la ortodoxia musulmana, es de índole exclusivamente sexual.[78]

El velo tradicional, que cubre la mayor parte del rostro femenino, apenas lo emplea hoy una pequeña minoría. En cambio, el velo moderno, que permite ver el rostro pero oculta todo el cabello e incluso tapa el pecho, sigue muy vigente en la sociedad. Aunque yo estaba al tanto del reciente

77 *Ibidem*, p. 175.

78 F. Sabbah, *Women in the Muslin Unconscious*, Pergamon Press, Nueva York, 1984, p. 13; hay edición española: *La mujer en el inconsciente musulmán*, I. Jiménez Morrell (tr.), Ediciones de Oriente y del Mediterráneo, Madrid, 2000.

resurgimiento del velo, reconozco que me asombró ver a tantas mujeres por las calles de El Cairo ataviadas con las distintas versiones de esta prenda.

Según me dijeron, hoy la mayoría de las representantes de la Asamblea Popular presentes en el Parlamento llevan velo, al igual que buena parte de las universitarias jóvenes. En varios momentos de mi viaje, tuve la oportunidad de pasar tiempo con un grupo de estudiantes, ninguna de las cuales usaba el velo. En particular, durante un viaje en coche hasta El Mansura, a varias horas de El Cairo, pude conocer de primera mano lo que pensaban acerca de este tema. Como hicimos la excusión con una caravana de tres coches distintos, al final me acabé montando un rato en cada vehículo. De antemano, me esperaba que esa charla fuera una de las más peliagudas de toda mi estancia —no en vano, era la única vez que mi agenda permitía algo así—; pero, a decir verdad, me fui frustrando según avanzaba la conversación. La mirada se me iba constantemente al paisaje que nos ofrecía el camino. Nuestra carretera se ajustaba a la tortuosa ruta del Nilo, donde interminables grupos de mujeres ataviadas con coloridos ropajes faenaban junto a la orilla del río. Estas trabajadoras no solo carecían de velo, sino que, con frecuencia, se arremangaban el vestido por encima de las rodillas para vadear mejor esas aguas milenarias y lavar la ropa de sus familiares para que las usaran la semana siguiente. Aquella escena contradecía la tesis según la cual es preciso camuflar el cuerpo de la mujer para que este no despierte el deseo sexual del varón. También vi a numerosas mujeres trabajando codo a codo con los hombres, recogiendo el algodón de los campos y doblando el espinazo en los hornos de ladrillos instalados al borde de la carretera, cuyas pesadas piedras acarreaban y apilaban con no menos eficacia que sus compañeros.

Una de las chicas con las que charlé durante aquel viaje junto al Nilo siempre vestía vaqueros y sudadera. Se parecía mucho a las alumnas que asisten a mis clases en la Universidad Estatal de San Francisco. Cuando pregunté a la joven cómo le parecía que afectaba el velo a la percepción social de la sexualidad femenina, me dijo que, en su opinión, los hombres tienden a buscar mujeres cuyos hábitos sexuales sean diametralmente opuestos a los suyos.

> La mujer que lleva el velo está dispuesta a cubrir su cuerpo, lo que garantiza que tendrá buenas costumbres. Esto supone un problema para mí, porque me veo obligada a demostrar que yo soy tan buena como ella. Me exige demostrar que no soy mala chica, que no voy por ahí tonteando con los hombres y que también me interesan las relaciones serias.

Cuando le pregunté por qué había decidido no llevar el velo, se apresuró a señalarme que su razón para rechazarlo era un tanto atípica. «Puede que forme parte de ese reducido grupo, formado por una de cada diez o incluso de cada cien mujeres, que no llevamos el velo porque no creemos en Dios». Esta explicación me pilló desprevenida, ya que poco antes me habían advertido de que, de entre todos los tabúes imperantes en Egipto, el que atañe a las creencias religiosas era respetado por casi todo el mundo. Así, por dispuesto que alguien estuviera a criticar las ideas del fundamentalismo islámico, difícilmente lo haría manifestando con franqueza sus dudas sobre la existencia de Dios. De todas las mujeres que conocí en las reuniones, entrevistas y conversaciones informales de mi viaje, esta joven fue la única que se declaró atea. En cambio, su amiga Randa era de otro parecer: consideraba que interpretar el velo como un signo manifiesto de adhesión a los principios islámicos podía inducir a errores.

Ahora mismo, el velo es poco más que una norma. Representa la prenda que viste la mayoría. En este sentido, si llevas el velo, no tendrás problemas. Antes ocurría al revés. Vestir el velo suponía todo un reto. Mi tía fue una de las primeras jóvenes que se empeñó en llevarlo, pese a que todo su entorno se mostraba en contra, incluida su madre, que era muy religiosa. Pero ahora funciona al revés. En mi caso, decidí no llevar velo porque considero que, cuando se profesa una religión, hay que seguir todos sus dogmas. Visto así, la cuestión no es tanto cómo me visto, sino cómo me comporto.

Por su parte, Abir, recién licenciada en Sociología, esgrimió que no deberíamos atribuir al velo un significado religioso inequívoco.

Tiene un sentido social, no solo religioso. Constituye la única realidad a la que aferrarse en tiempos turbulentos. Para algunas personas, encarna un valor muy sólido.

Por el contrario, su amiga Naula añadió que el velo subraya la disposición de las mujeres a que se las considere meros objetos sexuales de los hombres.

Hoy en día, el velo no es una expresión religiosa. Es una expresión de vergüenza hacia el propio cuerpo. Pues ¿con qué argumentos puede una mujer negar que se la considera un simple objeto sexual cuando, al mismo tiempo, accede a ocultar su pelo, sus brazos y sus piernas? Haga lo que haga, su cuerpo sigue ahí, al igual que su figura. Cualquier hombre que aspire a disfrutar del cuerpo de una mujer lo seguirá haciendo, tanto si esta se pone el *chador* como si no [...]. No olvidemos que los hombres acosan a las mujeres con velo por la calle y se propasan con ellas igual que hacen con el resto.

Sobre este punto, Abir expresó su desacuerdo de manera tajante:

> Si pensamos en la cara que ponen los tíos cuando nos miran el culo cada vez que llevamos minifalda o ropa ajustada, en realidad envidiamos un poco la suerte de aquellas que usan el velo. Pues el modo en que los hombres miran hoy el cuerpo de las mujeres es para echarse a llorar.

De hecho, Naula nos contó una experiencia relacionada con una mujer velada que la hizo sentir, de acuerdo con sus palabras, totalmente abochornada.

> Recuerdo una ocasión en que estábamos frente a la universidad. Era un día de verano especialmente caluroso. Una chica pasó a nuestro lado. No llevaba el velo que cubre solo la cara, sino la versión que tapa todo el rostro. Además, llevaba puestos unos guantes. En realidad, podemos decir que iba cubierta de arriba abajo, a excepción de los ojos. Alguien de nuestro grupo señaló que la joven debía de estar pasando un calor insoportable. Pues bien, en cuanto la chica avanzó unos pasos, se giró hacia nosotras y nos soltó: «Si os creéis que hace calor, imaginad cómo ha de ser el infierno». Nos habló con un tono tan santurrón que nos hizo sentir unas personas minúsculas.

Poco después, alguien apuntó también que el velo se adoptaba, en ocasiones, por pura conveniencia. Como dijo una de las estudiantes: «A veces, el velo también se usa porque resulta práctico. No es solo un símbolo de atraso. Cuando una chica se prepara para irse al trabajo o a clase, le resulta mucho más cómodo». En otras palabras: las jóvenes que no pueden permitirse gastar mucho dinero en ropa o que no van tan sobradas como para ir a la peluquería, pueden optar por ponerse el velo debido a estas razones económicas de menor trascendencia.

Sherif Hatata me había comentado que, durante mi paso por El Mansura, quizá tuviera la suerte de conocer a algunas de las jóvenes con velo que integraban la organización de mujeres activistas Bint Alard [Hijas de la tierra]. Según me dijo Sherif, la última vez que había visitado la localidad en compañía de Nawal El Saadawi, varias integrantes de ese colectivo se resistían a abandonar la prenda, al contrario de lo que ocurría con la mayoría de nuevas afiliadas. Sin embargo, durante mi estancia, ninguna de las mujeres que asistieron a las reuniones celebradas en El Mansura llevaba velo. Pese a ello, sí que tuve un breve encuentro con varias mujeres veladas durante mi paso por la Universidad Ains Shames de El Cairo, en la que Mona Aboussena imparte la asignatura Literatura Inglesa. Durante el trayecto, Mona había bromeado con el tema: «A veces, me da un poco vergüenza ir sin velo por ahí, ya que muchas de mis alumnas lo llevan». De hecho, ella misma se ocupó de organizar un breve coloquio con algunas de sus estudiantes en cuanto terminé de pronunciar mi ponencia en torno a la educación y la lucha por la igualdad de los afroamericanos.

Consciente de mi condición de forastera, supuse que debía actuar con la máxima cautela, así que procuré no empezar mi intervención formulando alguna pregunta incómoda sobre el sentido del velo. Para romper el hielo, pregunté a una mujer —vestida con una de las versiones más austeras del velo— si tenía la intención de dar clases cuando obtuviera su título de Literatura Inglesa. «¡Qué va! —me respondió, en su titubeante pero meticuloso inglés—. Me quedaré cuidando del hogar. Seguiré con la literatura desde casa». Acto seguido, entablamos un breve debate sobre las relaciones entre mujer y trabajo, durante el cual las asistentes con velo señalaron que, en general, las mujeres preferían no tener que trabajar fuera. Justo cuando la charla empezaba a animarse gracias a la formación de dos bandos enfrentados —las participantes sin velo, por un lado, para quienes el trabajo tenía una enorme importancia, y sus homólogas veladas, por el otro—, Mona preguntó sin medias tintas a la joven con la que yo había hablado en un primer momento por qué motivo llevaba ella el velo. La chica, ataviada con un vestido azul de manga larga que le cubría las piernas y con un tocado blanco que le caía sobre los hombros, le respondió con naturalidad: «Debido a mis creencias religiosas». En concreto, había adoptado el velo nada más alcanzar la pubertad.

—¿Y quién te convenció para que lo hicieras? —insistió Mona—, ¿fueron tus padres, la radio…?

—La lectura del Corán —dijo—. Con eso me bastó.

A continuación nos confesó que, para ella, «usar el velo es un mandato divino. Y debemos acatar las órdenes de Dios sin rechistar». Durante la reunión, reparé en que la joven no soltó ni un momento el pequeño Corán que tenía entre las manos.

Cuando, tiempo después, pude conversar con Nawal El Saadawi en Nueva York, esta criticó con dureza a aquellos que se empeñan en justificar la creciente popularidad del velo considerándolo un símbolo frente a la invasión de las influencias occidentales. En este sentido, los célebres programas televisivos que emplea el jeque Al-Shaarawi para promover el uso del velo entre las mujeres —una prenda que asocia sin tapujos con el rechazo a los valores occidentales impuestos—, seguidos de inmediato por anuncios que nos muestran a chicas en bikini promocionando algún champú estadounidense, dejan muy claras sus intenciones. Tal vez debido a artimañas como esta, cada vez que Nawal El Saadawi imparte conferencias en Estados Unidos, se siente obligada a criticar la película de Elizabeth Fernea *A Veiled Revolution,* que interpreta el velo como un paso adelante en el camino de la emancipación. La película sostiene que las mujeres egipcias cometieron un profundo error cuando se quitaron el velo a principios de este siglo. Ahora, han abrazado la auténtica cultura árabe y, por tanto, son capaces de avanzar en sus propios términos, en lugar de en los términos establecidos por el capitalismo occidental. Según Nawal El Saadawi, esta postura es errónea y apologética. El velo no representa la auténtica cultura de su pueblo —de hecho, en *La cara oculta de Eva,* ofrece un análisis histórico del velo como producto de la tradición judeocristiana—, sino que es, en su expresión contemporánea, un resultado directo de las condiciones socioeconómicas imperantes en Egipto.

Al mismo tiempo que el desempleo aumentaba como consecuencia de la política de puertas abiertas de Sadat, comenzó la resurrección del velo. Las mujeres con velo fueron apartadas del mercado laboral en un momento en que la producción nacional disminuía en respuesta a la saturación del mercado con productos importados de los países capitalistas. En lugar de funcionar como un medio para resistir la invasión de los valores capitalistas occidentales, el velo sirve para consolidarlos y confirmarlos al reforzar las actitudes sociales sexistas que facilitan el encadenamiento económico neocolonial en Egipto.

Hoda Badran, profesora de la Escuela de Trabajo Social de la Universidad de El Cairo, describió así el problema:

> El sistema económico egipcio, al estar vinculado a Occidente y, en particular, al capitalismo estadounidense, no puede ser productivo.

> Egipto se está transformando en una sociedad de consumo. No es productiva y no genera empleo. En una situación en la que no hay empleo, hay competencia [...] y la gente intenta encontrar chivos expiatorios [...]. Por eso hay más prejuicios contra las mujeres que antes.
>
> [...] Además, en un país que se ha transformado en una sociedad de consumo, es fácil, a través de los medios de comunicación de masas, utilizar a las mujeres como objetos sexuales. Al mismo tiempo, como confirma el estudio de Awatef Abdel Rahman sobre las mujeres y los medios de comunicación en Egipto, los medios [...] presentan casi exclusivamente a las mujeres en los papeles tradicionales de esposa y madre.

En una reunión con escritoras y artistas, la conocida dramaturga Fathia Al Assal argumentó que las egipcias deberían examinar seriamente los problemas que giran en torno al sexo, aunque solo fuera para comprender que el aparente énfasis excesivo en la liberación sexual, que tiene su origen en Occidente, está directamente relacionado con el llamamiento a la vuelta de la mujer al hogar y, por tanto, con el uso del velo. Cuando Nawal El Saadawi dijo que «las mujeres de Occidente llevan la desnudez como las árabes llevan el velo», recordé la observación de Al Assal. Una propuesta ampliamente difundida, de hecho, pide que las mujeres trabajadoras cobren medio sueldo por volver a casa, limitándose así a sus funciones maternas, domésticas y sexuales. La dramaturga afirma que, si las mujeres se dejan preocupar por la cuestión aislada de la liberación sexual, podrían perder de vista las cuestiones más amplias de la emancipación femenina y las relacionadas con la liberación nacional general de su pueblo. Sin embargo, una vez aclarado este punto, afirmó que las mujeres egipcias no deberían tener miedo de hablar de sexualidad. Después de todo, argumentó, si se examina el desarrollo histórico de las sociedades humanas, queda claro que la propiedad privada surgió en el momento en que las mujeres se convirtieron en propiedad sexual de sus maridos. Del mismo modo que el advenimiento de la opresión sexual de la mujer coincidió con el advenimiento de la opresión de las clases sociales, para que el cuerpo de la mujer se libere plenamente debe eliminarse el sistema social responsable de esa opresión.

Fathia Al Assal ilustró de forma dramática hasta qué punto pueden estallar peligrosamente las frustraciones acumuladas de las mujeres a las que se ha mantenido cautivas como propiedad sexual al describir un famoso caso penal en el que estaba implicada una mujer que había sido acusada recientemente de asesinar a su marido. Tras veintidós años de matrimonio, esta mujer fue acusada de matar a su marido y cortar su cuerpo en veintidós pedazos, primero sacándole los ojos y luego separándole el pene del cuerpo. Si lo que cuentan los periódicos es cierto, después de matarlo, empezó a desahogarse con todas las quejas que había callado durante veintidós largos años. Al dirigir su rabia hacia los ojos y el órgano sexual del marido, tal vez intentaba aniquilar simbólicamente los medios por los que las mujeres se transforman en objetos sexuales. Si, en efecto, mató a su marido, no consiguió ni siquiera arañar la superficie, ya que el verdadero culpable es el sistema social subyacente, del que su marido, por desgracia, también era víctima.

Me impresionó mucho la presentación de Fathia Al Assal en la reunión, y me entusiasmó que aceptara hablar conmigo en un ambiente más informal. Tras las tumultuosas discusiones en la Asociación Hoda Shaarawi, nos reunimos en el piso de Shahira Mehrez y, con Shahira actuando amablemente de intérprete, hablamos hasta altas horas de la noche. Entonces no sabía que Al Assal era una de las primeras mujeres dramaturgas del mundo árabe, pero había percibido en su presencia un espíritu valiente e iconoclasta. Fathia procede de una familia que se enriqueció rápidamente tras la Segunda Guerra Mundial. Su padre se casó veinte veces y, aunque puso especial empeño en educar a todos sus hijos varones, no consideraba que el conocimiento fuera una ventaja en el caso de sus hijas. La familia se trasladó a El Cairo cuando ella era muy pequeña y, aunque asistió a la escuela durante un tiempo, la sacaron a los nueve años debido a una pubertad precoz. A los catorce, empezó a recibir propuestas de matrimonio y, tras comprometerse dos veces, se casó a los dieciséis. El interés de Fathia por las causas políticas progresistas ya se había despertado en esa época, y me contó que un factor importante para que su marido la atrajera era su activismo político. Él había pasado dos años en prisión en la década de 1950, y en 1981 ella fue detenida por Sadat.

La carrera de Fathia Al Assal no ha estado exenta de dificultades. De hecho, Sadat se encargó de despedirla después de que escribiera una serie sobre un abogado picapleitos que iba a emitirse por televisión. El abogado de la serie mantenía una relación sentimental con una joven que descubría y denunciaba sus actividades fraudulentas. Sadat supuso que él mismo era la inspiración subyacente de este personaje, y se encargó de que a Fathia se le prohibiera escribir guiones de televisión durante dos años. Cuando volvió a la televisión, escribió guiones muy centrados en la situación de las mujeres en Egipto. Siguiendo el modelo de las telenovelas estadounidenses, los seriales de la televisión egipcia suelen explorar la vida y los amores de las clases media y alta. Al Assal, sin embargo, decidió crear personajes femeninos que pudieran servir de modelos populares de resistencia al comportamiento tradicional de la mujer en las relaciones familiares. *She and the Impossible,* por ejemplo, gira en torno a una mujer analfabeta elegida por un terrateniente como novia para que cuide de su madre mientras él estudia en El Cairo. A su regreso, él le informa que ya no quiere seguir con una mujer ignorante. Ella, negándose a revelarle que se ha quedado embarazada, se marcha sin dar pruebas y decide estudiar, trabajar y criar sola a su hijo. Pasan doce años antes de que el marido descubra que tiene un hijo. Cuando él le propone reanudar el matrimonio, ella se niega: «La mujer con la que te casaste no es la misma que soy hoy». Y continúa: «Mi hijo es un hijo de las circunstancias, y no volveré contigo». Inicialmente, los censores rechazaron categóricamente este guion, insistiendo en que la mujer volviera con el marido por el bien del niño. Pasaron cinco años antes de que el programa se produjera y se emitiera en su forma original.

En otro de sus seriales, *Moment of Decision,* la protagonista se divorcia de su marido tras veinte años de matrimonio, cuando este decide tomar otra esposa. En lugar de seguir dependiendo económicamente del exmarido, como hacen la mayoría de las mujeres divorciadas, acepta un trabajo en una biblioteca. Buscando escapar del vacío de su nueva vida solitaria, allí empieza a leer, y en el proceso no solo se convierte en una mujer alfabetizada, sino que se inspira para escribir un relato autobiográfico. Cuando su libro gana un importante premio literario, el marido intenta regresar. Pero, al igual que la joven del serial anterior, ella no cede a sus deseos. Mientras tanto, se ha enamorado de otra persona y, al final de la serie, se enfrenta al hombre que ama, apretando el premio contra su pecho.

Podría haber pasado muchas más horas escuchando a Fathia Al Assal describir su trabajo como hacía, a la manera de las antiguas narradoras. El compromiso con la causa de la libertad de la mujer impregnaba cada palabra de su relato. Su historia más fascinante resumía el argumento de su obra *Women without Masks,* que describió como una síntesis de todas las mujeres que ha conocido. Una obra que explora la verdad de la condición femenina, y que está dedicada a «mi amiga e hija, una entre una generación por venir en una sociedad libre aún por realizar. No heredé los lazos de mi madre y espero que tú no heredes los míos». La protagonista es una escritora que al principio teme las consecuencias de esta verdad. Mientras visualiza lo que quiere escribir, un ballet evoca el periodo histórico de la humanidad en que hombres y mujeres eran iguales.

> Pero la mujer es incapaz de enfrentarse a la bestia en pie de igualdad con el hombre, y este la dirige a la cueva donde da a luz. Después le prohíbe salir de allí. La dramaturga anuncia entonces que desea expresar la condición de esta mujer cuando entró en la cueva.

Se practica una circuncisión en el escenario y, de un enorme vientre, nacen cuatro mujeres: una soltera, una casada, una divorciada y una viuda. Al final del primer acto, la dramaturga ha contado las historias de las cuatro mujeres. Sin embargo, no ha contado toda la verdad, y los personajes la acosan hasta que confiesa:

> En el pasado éramos símbolos de vida. Nuestros hijos llevaban nuestro nombre. El momento de la creación fue el momento del amor y el momento del amor no tenía otro fin. Luego el mundo entero fue cercado y nosotras fuimos cercadas con él y bautizadas con el nombre de aquellos que podían poseer tierras. Nos separaron de nuestros hijos y les pusieron el nombre del amo. Fuimos destronadas

> y se falsificó toda nuestra historia. Nos convertimos simplemente en una mujer que se reproduce. Nos convertimos en una fábrica que reproduce seres humanos. Una noche me desperté y me llevaron con las manos atadas como a un animal para ser sacrificado. «¿Qué van a hacer?», le pregunté a mi madre. «Te van a descuartizar como han descuartizado a mi madre y a la madre de mi madre». Grité, pero el cuchillo me masacró. Mi sangre corría roja ante mis ojos. Me convertí en dos personas, una sangrando y la otra al filo del cuchillo. «Ahora estás lista para casarte con un hombre», dijo mi madre. «Ahora soy medio ser humano. ¿Quién necesita a un hombre si no es medio ser humano? Soy un cuerpo sin sentimientos. ¿Quién necesita un cuerpo si no es un cuerpo sin sentimientos?». Los hombres gritan: «Fuiste circuncidada».

Cuando los personajes de la escritora le preguntan por qué no había dicho la verdad, ella responde que estaba aterrorizada. Uno de los personajes responde: «Si tienes miedo de decir la verdad, no mereces ser escritora». La escritora procede entonces a contar la verdad sobre cada una de las cuatro mujeres.

Como sin duda reconocería Fathia Al Assal, decir la verdad es solo el primer paso de un largo proceso de desafío a las fuerzas responsables de la opresión de la mujer. La batalla por la igualdad de la mujer en Egipto, como en todo el Tercer Mundo y también en los países capitalistas, debe librarse en muchos frentes. Debe centrarse en áreas específicas, como la desproporcionada carga de pobreza que comparten las mujeres, la discriminación laboral, el analfabetismo, la atención sanitaria inadecuada, la mutilación genital, la Ley del Estatuto Personal y las imágenes distorsionadas de las mujeres en los medios de comunicación. Como la campaña contra la discriminación sexista debe librarse en el ámbito político, me interesaba especialmente reunirme con representantes de los principales partidos políticos de Egipto. En varios momentos de mi estancia en El Cairo, conversé con mujeres destacadas del Partido Democrático Nacional (Tagamo), el Partido Socialista Laborista y el Nuevo Partido Wafd.

Fathia Al Assal es miembro del Tagamo, una coalición de marxistas, nasseristas y personas de diversas orientaciones políticas progresistas. Según el análisis de este partido, se ha producido un importante retroceso en la situación de la mujer desde el final de la era de Nasser. Si bien la Revolución de 1952 otorgó a Egipto una posición de liderazgo en el movimiento de liberación nacional dentro del mundo árabe, y si bien la vía económica no capitalista se tradujo en una mejora visible de la situación económica de la mujer, no se modificaron aspectos importantes. Amina Shafix, presidenta de la Federación de Mujeres del Tagamo, señaló que ni siquiera bajo Nasser se intentó que las mujeres formaran parte de una organización democrática de masas independiente, al igual que no hubo federaciones campesinas o juveniles independientes. Cuando Sadat llegó al poder tras la muerte de Nasser, fue más fácil invertir la trayectoria progresista anterior de Egipto.

> Declaró la política de puertas abiertas, nuestro no compromiso con los movimientos de liberación nacional y las fuerzas no alineadas (mediante la firma de los acuerdos de Camp David) [...]. Los viejos problemas de los años sesenta le ayudaron a aplicar estas políticas.

Las mujeres se vieron directamente afectadas al ver cómo se les cerraban las puertas de las oportunidades laborales y educativas. Las mujeres de las clases campesinas y trabajadoras empezaron a sentir los efectos de la inmigración de mano de obra a los países del Golfo. Los delitos sexuales se hicieron más frecuentes y, como consecuencia directa de la crisis socioeconómica, el fundamentalismo islámico empezó a ser cada vez más influyente.

Dado que el destino de las mujeres está ligado a la situación política general, no cabe duda de que les interesa el desarrollo de una oposición política fuerte. Y, de hecho, muchas de las mujeres que conocí eran activistas militantes, y un buen número de ellas habían sufrido repetidas detenciones y encarcelamientos. En una reunión informal del Comité Nacional de Defensa de la Cultura, todas y cada una de las mujeres presentes declararon haber sido detenidas en algún momento. De hecho, pocos días antes de esta reunión, varias mujeres habían sido detenidas cuando se manifestaban pacíficamente contra la presencia de representantes israelíes en la Feria Internacional del Libro. Dos miembros del comité, Awatef Abdel Rahman y Latifa Zayat, habían recibido personalmente cartas de Meir Kahane con amenazas veladas contra sus vidas. El Gobierno de Mubarak no había hecho absolutamente nada en respuesta. Además, se estaba preparando un importante juicio contra treinta destacados activistas políticos, sindicalistas y dirigentes campesinos y juveniles de la clase trabajadora. Se conoce como el caso del Partido Comunista Egipcio, y entre los acusados está la periodista progresista Farida al Naquash.

Justo cuando sentía que empezaba a comprender algunos de los rasgos básicos de la compleja estructura de opresión que afecta a las mujeres en Egipto, llegó el momento de regresar a casa. Me impresionó el firme compromiso de muchas de las mujeres que conocí con las luchas mundiales por la paz y contra el Nuevo Orden Económico Internacional. Y me llevé a casa los nutritivos recuerdos de un breve encuentro con mujeres palestinas residentes en El Cairo, a las que con razón preocupaba el que las cuestiones del sionismo y el *apartheid* permanecieran en el orden del día de la próxima reunión internacional de mujeres en Nairobi. Me di cuenta de que las mujeres egipcias sufrían discriminación sexista, algunas de cuyas manifestaciones no eran muy distintas de las que sufrimos las mujeres de los países capitalistas, y que estaban llevando a cabo luchas que podrían beneficiarse de las experiencias de las mujeres de los países socialistas. Pero también había cuestiones singulares que las mujeres de Egipto tendrían que resolver por sí mismas. Puede que el objetivo de la igualdad de la mujer en el sentido más amplio no sea alcanzable en el futuro inmediato de Egipto, pero me sentí profundamente conmovida por la invencible determinación de tantas mujeres de mantener encendido el fuego de su lucha.

REVOLUCIÓN Y FEMINIDAD: EN TORNO A LA OBRA DE CLARA ZETKIN[79]

Hace casi cien años, Clara Zetkin comenzó a elaborar muchos de los conceptos centrales asociados con el análisis marxista de la opresión de la mujer, conceptos que son tan relevantes hoy como lo fueron durante su época. Junto con Friedrich Engels y August Bebel, surgió como una teórica pionera de la situación de la mujer en la sociedad capitalista, y una estratega que iluminó el camino hacia un orden social liberado de los efectos de la opresión institucionalizada de la mujer y de la ideología machista. Al igual que su heroico contemporáneo V. I. Lenin, trató de comprender la especial opresión de la mujer situándola en el contexto más amplio de la evolución socioeconómica de la humanidad y, en consecuencia, intentó analizar la mayoría de los principales acontecimientos dentro de la historia de la lucha de clases de su época.

Al explorar los problemas sociales contemporáneos, no era una observadora desapasionada; de hecho, era una activista profundamente comprometida, una mujer que se convirtió en una de las lideresas comunistas más destacadas en las décadas

79 Prefacio al volumen C. Zetkin, *Selected Writings*, Philip S. Foner (ed.), International Publishers, Nueva York, 1984.

que rodearon a la Gran Revolución de Octubre. Figura central de la socialdemocracia alemana durante muchos años, más tarde se desvinculó del partido, al igual que Rosa Luxemburgo y Karl Liebknecht, por no haber adoptado una postura firme contra la Primera Guerra Mundial por su carácter imperialista y perjudicial para los intereses de los trabajadores alemanes y de la clase obrera internacional. Clara Zetkin fue siempre una firme defensora del proletariado. Nunca dejó de basarse en un enfoque de clase tanto en sus deliberaciones teóricas como en sus acciones políticas prácticas. Así como sus contribuciones teóricas y prácticas arrojan luz sobre el periodo histórico que vivió, también pueden ayudarnos hoy a comprender mejor la relación entre la lucha por el socialismo y las luchas contra el racismo, por la igualdad de la mujer y por la paz.

El primer gran análisis de Zetkin sobre la condición de la mujer en la sociedad capitalista se presentó en un discurso que pronunció en 1889 en el Congreso Internacional de Trabajadores de París. Haciendo hincapié en la centralidad del trabajo femenino en su presentación, argumentó que «la cuestión de la emancipación de la mujer [...] en el análisis final es la cuestión del trabajo de la mujer».[80] Zetkin estaba de acuerdo con Engels, quien, al examinar «el carácter peculiar de la supremacía del marido sobre la mujer en la familia moderna» y «la necesidad de crear una verdadera igualdad social entre ellos», concluyó que «la primera condición para la liberación de la mujer es la reincorporación de todo el sexo femenino a la industria pública».[81] Enfatizando

80 *Ibidem*, p. 45.

81 F. Engels, *The Origin of the Family, Private Property and the State*, International Publishers, Nueva York, 1970, pp. 137 y 138; hay edición española: *El origen de la familia, la propiedad privada y el Estado*, Instituto de Lenguas Extranjeras de Moscú (tr.), Alianza, Madrid, 2013.

el mismo punto, Lenin haría más tarde la siguiente observación:

> La principal tarea del movimiento de la mujer trabajadora es luchar por la igualdad económica y social, y no solo formal, de la mujer. Lo principal es conseguir que las mujeres participen en el trabajo socialmente productivo, liberarlas de la «esclavitud doméstica», liberarlas de su estupefaciente y humillante sometimiento a la eterna monotonía de la cocina y la guardería.[82]

Para validar eficazmente la afirmación de que las mujeres solo podrían alcanzar su liberación por la vía de la participación en la producción económica y logrando así la independencia económica, Clara Zetkin tuvo que cuestionar la noción predominante de que la entrada de las mujeres en la fuerza de trabajo militaba en contra de los intereses de los proletarios.

> Los socialistas deben saber que, dado el desarrollo económico actual, el trabajo de la mujer fuera del hogar es una necesidad, que la tendencia natural del trabajo de la mujer es reducir las horas de trabajo que cada individuo debe prestar a la sociedad o aumentar la riqueza de la sociedad, que no es el trabajo de la mujer *per se* el que, en competencia con el trabajo del hombre, hace bajar los salarios, sino la explotación del trabajo femenino por los capitalistas que se lo apropian.[83]

En varias ocasiones durante su discurso, Zetkin señaló enfáticamente que no se debía obligar a las mujeres a cargar con la culpa de un proceso de explotación que era responsabilidad

82 V. I. Lenin, *The Emancipation of Women,* International Publishers, Nueva York, 1966, p. 81; hay edición española: *La emancipación de la mujer,* Instituto de Lenguas Extranjeras de Moscú (tr.), Akal, Madrid, 2021.

83 Zetkin [1984:45].

exclusiva de la clase capitalista. Si, de hecho, el empleo a gran escala de mujeres había conducido a una jornada laboral más larga en lugar de más corta, y si el trabajo femenino se había utilizado para provocar un descenso de los salarios de los trabajadores masculinos, la solución no pasaba por apoyar la prohibición del trabajo femenino, sino por reclutar trabajadoras para que lucharan junto a sus camaradas masculinos por la eliminación definitiva del sistema de producción capitalista.

Los argumentos de Clara Zetkin en apoyo de las trabajadoras contienen una lógica que puede emplearse eficazmente hoy en día en defensa de programas de acción afirmativa más fuertes no solo para las mujeres, sino también para los oprimidos racial y nacionalmente. Un punto débil de sus primeros análisis (que corrigió más tarde) fue no reconocer la necesidad de luchar por disposiciones especiales de protección para las trabajadoras a fin de garantizar su capacidad de trabajar y luchar en igualdad de condiciones con los hombres. No obstante, hizo un importante llamamiento a los miembros masculinos del Partido Socialdemócrata Alemán (SPD) para que comprendieran lo que significaría una participación masiva de las trabajadoras en la batalla por el socialismo, y lanzó un apasionado llamamiento a las trabajadoras para que reconocieran al SPD como el auténtico portador de la bandera de la liberación de la mujer. En otras palabras, la participación de las trabajadoras sería un elemento tan indispensable en la batalla por el socialismo como la victoria del socialismo lo sería en la lucha por la emancipación de la mujer.

El título de un discurso que Clara Zetkin pronunció unos años más tarde era «Solo en conjunción con la mujer proletaria triunfará el socialismo». Al presentarlo ante el Congreso del Partido Socialdemócrata de 1896 en Gotha, argumentó que la cuestión de la igualdad de la mujer no podía formularse como una teoría única y homogénea, que trascendiera las consideraciones de clase social. Las feministas burguesas de hoy que todavía insisten en que sus estrategias para la emancipación, que reflejan sus propias posiciones de clase, también son válidas para las mujeres de la clase obrera y racialmente oprimidas, tienen mucho que aprender del análisis de Zetkin. De una clase a otra —de la gran burguesía a la media y pequeña burguesía, pasando por el proletariado—, la estructura de la opresión de la mujer varía significativamente. Señaló, sin embargo, que todas estas clases eran creaciones del capitalismo y que solo las mujeres de clases concretas asociadas al modo de producción capitalista habían desarrollado una necesidad histórica de emanciparse.

> Fue únicamente el modo de producción capitalista el que creó las transformaciones sociales que dieron lugar a la cuestión de la mujer moderna al destruir el antiguo sistema económico familiar que proporcionaba tanto el sustento como el sentido de la vida a la gran masa de mujeres durante el periodo precapitalista.[84]

Aquí, Zetkin plantea la importante cuestión de la génesis histórica de la conciencia social. Aunque las mujeres pueden haber estado gravemente oprimidas durante la era precapitalista, todavía no se habían encontrado con las circunstancias objetivas que les permitieron desarrollar una conciencia de su supresión. «La cuestión de la mujer [...] solo está presente en el seno de aquellas clases de la sociedad que son a su vez producto del modo de producción capitalista». Señala que entre los campesinos que aún poseen una economía

84 *Ibidem*, p. 72.

natural no existe una conciencia sistemática de la necesidad de emancipar a las mujeres de esa clase. Pero «hay una cuestión femenina para las mujeres del proletariado, de la burguesía, de la intelectualidad y de los *Upper Ten Thousand* [los diez mil de arriba]».[85] Para la alta burguesía, se trataba de que las mujeres lucharan por «disponer de sus bienes de forma independiente y libre»,[86] mientras que para los demás estratos burgueses, cuyas mujeres aún no poseían bienes, la reivindicación se centraba en la igualdad de formación profesional y de acceso a las respectivas profesiones. El pasaje en el que Zetkin describe la forma en que se manifestaba la supresión de la mujer y su impulso consciente de liberación entre la clase obrera es lo suficientemente importante como para citarlo aquí en su totalidad:

> En lo que respecta a la mujer proletaria, es la necesidad del capitalismo de explotar y de buscar incesantemente una mano de obra barata lo que ha creado la cuestión de la mujer [...]. Salió a la vida económica para ayudar a su marido a ganarse la vida, pero el modo de producción capitalista la transformó en una competidora desleal. Quería llevar la prosperidad a su familia, pero en lugar de ello la miseria se abatió sobre ella. La mujer proletaria obtuvo su propio empleo porque quería crear una vida más luminosa y agradable para sus hijos, pero en lugar de ello se separó casi por completo de ellos. Se convirtió en una igual del hombre como trabajadora; la máquina hizo superflua la fuerza muscular y en todas partes el trabajo de la mujer mostró los mismos resultados en la producción que el trabajo del hombre. Y como la mujer constituye una mano de obra barata y sobre todo sumisa [...] los capitalistas multiplican las posibilidades

85 *Ibidem*, p. 74.
86 *Ibidem*.

> de trabajo de la mujer en la industria. Como resultado de todo esto, la mujer proletaria ha alcanzado su independencia. Pero en verdad el precio ha sido muy alto y por el momento han ganado muy poco [...]. En otros tiempos, el dominio de un hombre sobre su mujer se veía favorecido por su relación personal. Sin embargo, entre un empresario y su trabajador solo existe un nexo económico.[87]

La principal distinción, según Zetkin, entre la lucha de las mujeres obreras por la igualdad y las luchas de sus hermanas burguesas, era que estas últimas se enfrentaban a los hombres de su clase, mientras que las mujeres proletarias necesitaban unirse a sus maridos, hermanos, padres e hijos para librar una batalla común contra la clase capitalista. Además, lo que las mujeres burguesas percibían como objetivos últimos, las mujeres proletarias debían interpretarlo como armas en la batalla para participar en la lucha de clases en pie de igualdad con los hombres. Zetkin desarrolló esta noción de forma más sistemática en su análisis de la relación entre la campaña por el sufragio femenino y las luchas de las mujeres de la clase obrera. Este análisis es significativo no solo por su importante valor histórico, sino también por las lecciones que se pueden extraer de él con respecto a la naturaleza de clase de las luchas contemporáneas de las mujeres, como la campaña por la Enmienda para la Igualdad de Derechos en Estados Unidos. En una ponencia leída ante un Congreso Socialdemócrata celebrado en Mannheim en 1906, Zetkin afirmaba que las mujeres de clase media percibían el sufragio femenino como un derecho natural a participar en los procesos políticos de una sociedad burguesa igualmente natural e inmutable. Para las mujeres de la clase obrera, el sufragio era,

87 *Ibidem*, pp. 76 y 77.

por el contrario, un derecho social, una exigencia que había surgido como clara consecuencia de la aparición del sistema económico capitalista. Más aún:

> Las mujeres de clase media desean realmente obtener esta reforma social porque piensan que es una medida que fortalecerá y apoyará a toda la sociedad de clase media. Las mujeres trabajadoras exigen el sufragio no solo para defender sus intereses económicos y morales de la vida, sino que lo desean como una ayuda contra la opresión de su clase por parte de los hombres y están particularmente ansiosas de obtenerlo para ayudar en la lucha contra la clase capitalista.[88]

Así, el derecho de voto de la mujer asume dimensiones totalmente diferentes entre mujeres de clases sociales opuestas. Como Zetkin señaló en una resolución que presentó durante el Congreso Socialista Internacional celebrado en Stuttgart en 1907, las mujeres socialistas no podían dar tanta importancia al sufragio como las mujeres burguesas porque la consecución del derecho al voto no afectaría fundamentalmente a la causa subyacente de la opresión de la mujer, es decir, la propiedad privada. Al fin y al cabo, el proletariado masculino, al que se permitió ejercer el sufragio, seguía estando, no obstante, gravemente explotado. Dicho de otro modo,

> la concesión del sufragio al sexo femenino no elimina las diferencias de clase entre explotadores y explotados de las que se derivan

88 «Social Democracy and Woman Suffrage», artículo leído por Clara Zetkin durante la Conferencia de Mujeres afiliadas al Partido Socialdemócrata, celebrada en Mannheim justo antes de la inauguración del Congreso Anual de Socialdemócratas Alemanes de 1906. El panfleto se publicó un año más tarde: la cita, pues, se encuentra en C. Zetkin, *Social Democracy and Woman Suffrage*, Twentieth Century Press, Londres, 1907, p. 7.

> los obstáculos más graves para el desarrollo libre y armonioso de la mujer proletaria.[89]

Sin embargo, si el sufragio femenino surgió como una reivindicación significativa en las batallas de las mujeres de la clase obrera, fue porque el voto era, en potencia, un arma poderosa a esgrimir en la lucha de clases más amplia contra el capitalismo. De hecho, era un arma necesaria no solo para las trabajadoras, sino también para sus hermanos de clase. A medida que un número creciente de mujeres engrosaban las filas del trabajo, convirtiéndose en miembros integrales de la clase obrera, la lucha por el sufragio femenino se convertiría cada vez más en «una lucha por la toma del poder político por parte del proletariado».[90]

Teniendo en cuenta la reciente derrota de la Enmienda para la Igualdad de Derechos en Estados Unidos y la escalada de propaganda contra la ERA por parte de las fuerzas organizadas de derechas, la naturaleza prolongada de la lucha puede ser comparable a la larga lucha por el sufragio femenino. Lo que Clara Zetkin dijo sobre la campaña para extender el voto a las mujeres bien podría decirse hoy de la campaña por la ERA:

> Sabemos que no obtendremos la victoria del sufragio femenino en poco tiempo, pero también sabemos que en nuestras luchas por esta medida revolucionaremos cientos de miles de mentes. Llevamos a cabo nuestra guerra, no como una lucha entre sexos, sino como una batalla contra el poder político de las clases poseedoras; como una lucha que llevamos a cabo con todas nuestras fuerzas y principalmente

89 Zetkin [1984:99].
90 Zetkin [1907:15].

sin odio hacia el otro sexo; una lucha cuyo objetivo final y cuya gloria será que (un día) el proletariado en su totalidad, sin distinción de sexo, sea capaz de gritar al orden capitalista de la sociedad: «Os apoyáis en nosotros, nos oprimís, y mirad ahora cómo el edificio que habéis erigido se tambalea hasta los cimientos».[91]

Clara Zetkin subrayó una y otra vez que el contexto histórico más amplio de la batalla por la liberación de la mujer era el impulso de la clase obrera hacia el socialismo. Una teórica feminista contemporánea con claras inclinaciones anticomunistas escribe:

Desde que las sociedades socialistas amanecieron en esta tierra, la desilusión con el socialismo, resultado de la revolución, ha sido un impulso para la aparición de la teoría feminista.[92]

Si ella, como Clara Zetkin, hubiera examinado más seriamente la relación real entre el socialismo y el movimiento feminista, se habría dado cuenta de que el nacimiento del socialismo, desde el triunfo de la Revolución de Octubre, ha servido de inspiración y faro a innumerables mujeres trabajadoras de todo el mundo. Cuando la Revolución rusa transformó la faz de la historia, Zetkin se unió a millones de trabajadoras de todo el mundo para saludar con entusiasmo este triunfo.

Los bolcheviques han alcanzado su objetivo en un asalto audaz que no tiene parangón en la historia. El poder gubernamental está en

91 *Ibidem,* p. 16.

92 B. Weinbaum, *The Curious Courtship of Women's Liberation & Socialism,* South End Press, Boston, 1978, p. 7; hay edición española: *El curioso noviazgo entre feminismo y socialismo,* M. Schuller (tr.), Siglo xxi, Madrid, 1984.

> manos de los sóviets. Se ha instaurado la dictadura revolucionaria del proletariado.[93]

Cuando escribió sobre el impacto de la Revolución en las mujeres musulmanas de las antiguas colonias de la Rusia zarista, sus observaciones podrían aplicarse, muchos años después, a la situación en Estados Unidos con respecto a las luchas libradas por la clase obrera negra y otras mujeres racial y nacionalmente oprimidas. La lucha activa de las mujeres musulmanas por su libertad

> confirma el hecho de que la revolución proletaria se convertirá efectivamente en una revolución mundial en la que hasta el último individuo reprimido y esclavizado se liberará por sus propias fuerzas.[94]

En la discusión de Zetkin sobre la lucha de liberación entre las mujeres musulmanas hay, implícito, un mensaje que es claramente relevante para el movimiento de mujeres de hoy. Las mujeres de clase trabajadora y racialmente oprimidas se enfrentan a la opresión sexista de una forma que refleja las interconexiones objetivas, reales y complejas, entre la explotación de clase, la opresión racista y la supremacía masculina. Mientras que la experiencia del sexismo de una mujer blanca de clase media incorpora una forma relativamente aislada de esta opresión, las experiencias de las mujeres de clase trabajadora sitúan necesariamente el sexismo en su contexto de explotación de clase, y las experiencias de las mujeres negras incorporan además el factor social del racismo. No se trata en absoluto de experiencias subjetivas, sino que existe una

93 Zetkin [1984:138].
94 *Ibidem,* p. 158.

interrelación objetiva entre racismo y sexismo en el sentido de que el contexto general de ambas formas de opresión en nuestro tiempo es la lucha de clases que se desarrolla entre el capitalismo monopolista y la clase obrera.

Para las personas progresistas de Estados Unidos que comprenden hasta qué punto el racismo está entretejido en la historia de este país y hasta qué punto se ha utilizado como herramienta para romper la unidad de la clase obrera, es de especial importancia reconocer que Clara Zetkin desempeñó un papel indispensable en la extensión de la solidaridad internacional a la lucha por la igualdad de los negros en Estados Unidos. Como responsable del Socorro Rojo Internacional, en 1932 hizo un llamamiento a los progresistas de todo el mundo para que defendieran a los nueve jóvenes de Scottsboro acusados fraudulentamente de violar a dos mujeres blancas en un pequeño pueblo de Alabama. En concreto, hizo un llamamiento al movimiento internacional para impedir la ejecución de los ocho que habían sido condenados a muerte. Por supuesto, la lucha contra la pena de muerte —especialmente cuando se centra en las implicaciones racistas de esta— sigue muy viva cincuenta años después de que Clara Zetkin convocara el apoyo a los Nueve de Scottsboro. En 1988, hay aproximadamente dos mil condenados a muerte en Estados Unidos, y casi la mitad de ellas son personas negras o de color.

Ante todo, Clara Zetkin fue una mujer de paz. Aunque nunca capituló en medio de las batallas de la clase obrera, subrayó constantemente la importancia de la lucha por la paz como factor de la propia lucha de clases.

> Las guerras imperialistas se dirigen contra los trabajadores; son la expresión inevitable del propio ser del capitalismo. El primer paso

> decisivo hacia la demolición del sistema capitalista chupasangre debe ser el reconocimiento firme e inexorable de que los trabajadores están en contra de las guerras imperialistas.[95]

De hecho, los esfuerzos por contrarrestar la fortaleza del capitalismo monopolista en aquellos países que aún no han unido sus manos por la paz con la Unión Soviética y la comunidad socialista de naciones están intrínsecamente ligados a la lucha por acabar con la amenaza de la aniquilación nuclear, que se cierne sobre todos nosotros. La paz entre las naciones, como Clara Zetkin insistió repetidamente, siempre redunda en interés de la clase obrera.

95 C. Zetkin, *The Toilers Against War*, Workers Library Publishers, Nueva York, 1934, p. 73.

Cultura y educación

UN FUTURO IMAGINADO[96]

Quiero agradecer que me hayáis invitado, en un momento tan trascendente en la vida de estos jóvenes a punto de graduarse, a compartir con vosotros algunas de mis experiencias y a ofreceros mis ideas sobre las oportunidades y los retos que os aguardan. Sin embargo, antes de continuar, debo confesaros cuánto me ha conmovido que confiéis en mí para abrir este evento. Pues solo ahora me doy cuenta de los muchos prejuicios que seguía albergando en relación con los jóvenes de vuestra generación; meros estereotipos basados, esencialmente, en ideas preconcebidas y en toda esa propaganda que os tacha de pasotas y apolíticos, más interesados en ver la MTV que otra cosa. Pero mucho me temo que un puñado de jóvenes displicentes y apolíticos nunca habrían invitado a hablar en su graduación a la mujer comunista y militante que soy, ni a compartir con ellos sus batallas políticas y su radicalismo. Así que permitid que os traslade mis más sinceras disculpas.

Mi generación tal vez sea recordada por el intenso activismo que llevamos a cabo entre los años sesenta y principios

96 Originalmente, este texto fue el discurso inaugural de una ceremonia de graduación en el Instituto Berkeley, celebrada el 16 de junio de 1983.

de los setenta. Por aquel entonces, teníamos buenas razones para implicarnos en todas esas luchas: los Estados sureños se encontraban todavía brutalmente segregados; los negros se jugaban la vida cada vez que ejercían su derecho al voto; no había programas de estudios negros, latinos o asiáticos en las universidades ni en los institutos. Cuando Ronald Reagan se encaramó al cargo de gobernador de California, se ocupó, entre otras cosas, de endilgarme tres delitos capitales —asesinato, secuestro y conspiración—, así como de incluirme en la lista de los diez delincuentes más buscados por el FBI. Por su parte, Richard Nixon fue elegido presidente de nuestro país y mostró su verdadero rostro al embarcarnos a todos en una sangrienta guerra tras la agresión perpetrada contra los vietnamitas. Por si esto fuera poco, emprendió una guerra interna de represión política a menor escala contra los Panteras Negras y otros colectivos afroamericanos.

Teníamos, por lo tanto, motivos de sobra para dar nuestro apoyo a los movimientos radicales de masas que fueron surgiendo durante ese periodo. Albergábamos el sueño de vivir algún día en un mundo mejor; un mundo sin racismo, sin apuros económicos, sin guerras. Imaginábamos un futuro más humano, pero esa meta implicaba también arriesgar nuestra vida para vencer al racismo y poner freno a las agresiones estadounidenses cometidas en el Sudeste Asiático.

Ahora os toca a vosotros imaginar un futuro más humano, un futuro de justicia, paz e igualdad para todos. Y si tenéis la ilusión de ver algún día cumplidos vuestros sueños —que todavía son los de mi generación—, también vosotros tendréis que levantaros y alzar la voz contra la guerra, el desempleo y el racismo.

Vuestra generación se acerca a su apogeo en tiempos turbulentos, tiempos ejemplificados por la agresión estadounidense cometida en Nicaragua o en El Salvador, por no hablar de la complicidad de Estados Unidos con el *apartheid* sudafricano. No debéis olvidar que a los jóvenes que hoy os graduáis os podrían llamar a filas si lo llegara a exigir una movilización contra estos países.

Con todo, aún existe un peligro mayor. Estados Unidos cuenta ahora mismo con un arsenal de unas mil cabezas nucleares, un tipo de armamento capaz (literalmente) de reducir el planeta a cenizas radiactivas. Y por si esto no fuera lo bastante grave, pensad por un instante en la clase de persona cuyo dedo acaricia el botón nuclear. Sé bien que vuestra edad os impide acordaros de Reagan durante sus años mozos en el mundo de Hollywood. Me refiero a sus días en *Bedtime for Bonzo* —serie protagonizada con un chimpancé—, a sus apariciones en *Death Valley Days.* Pues bien, muchos de nosotros hoy temblamos de miedo al pensar que Reagan tiene entre las manos misiles MX y puede jugar con ellos como lo hiciera antaño con el pobre Bonzo, o que algún día decida recordar viejas glorias llevándonos a todos al Valle de la Muerte.

El periódico de ayer publicaba una curiosa foto en la que aparecía vuestro presidente sentado delante de un grupo de estudiantes del último curso de secundaria. Lo sensato habría sido, me parece a mí, que el hombre tomara asiento entremezclado con ellos en lugar de colocarse delante de todo el grupo. A mí la dichosa imagen me sugiere que bastantes de vosotros —estudiantes también de último curso— seríais mucho más capaces de gobernar el país que este personaje que simula hacerlo. Pues dudo mucho que cualquiera de vosotros tuviera tanta prisa por arrastrar al mundo hacia la destrucción.

Muchos de los jóvenes que os graduáis esta tarde pronto seréis llamados —si no lo fuisteis ya— al servicio militar. La ley de alistamiento tiene apenas tres años y ya se ha convertido en una pesadilla para cientos de miles de chicos como vosotros. Más de setecientos mil chavales se han negado, hasta ahora, a cumplirla, aun a riesgo de ser encarcelados. El Gobierno federal ha intentado incluso obligar a los estudiantes a alistarse bajo la amenaza de cerrar el grifo de las prestaciones.

En la letra del himno que habéis seleccionado para esta graduación, John Lennon nos propone: «Imagina que el mundo conviviera en paz». A mi modo de ver, aún se podría añadir: «Imagina que no hubiera misiles MX, ni bombas de crucero, ni misiles Pershing II». Pero no es suficiente con imaginar. Hay que manifestarse, protestar, exigir y buscar cualquier vía de lucha colectiva para garantizar que un día todos los pueblos del mundo vivan juntos en paz, libres de la amenaza del desastre nuclear. Los jóvenes de hoy sois la esperanza del mañana. Recae sobre vuestros hombros el deber de trabajar para que vuestra generación (y las venideras) pueda ser todo aquello que quiera ser, y no precisamente en el ejército, los marines o las fuerzas aéreas.

Imagine no possession
I wonder if you can
No need for greed or hunger
or brotherhood of man.[97]

Por desgracia, hoy nuestro mundo no pertenece del todo a sus habitantes. Un puñado de elegidos —un minúsculo segmento de la población— amasa la mayor parte de la riqueza

97 Versos de la célebre canción *Imagine,* de John Lennon, que podrían traducirse como sigue: «Imagina que no hubiera posesiones, | ¿crees que serías capaz? | Olvidar la codicia o el hambre, | vivir en hermandad». *(N. del T.).*

del globo, obligándonos al resto —esa inmensa mayoría— a conformarnos con las migajas. Muchos de los integrantes de esta inmensa mayoría ni siquiera cuentan con lo suficiente para salir adelante. Familias enteras deambulan hoy por las calles sin techo ni trabajo; sin la menor garantía de que, al día siguiente, tendrán algo que llevarse a la boca.

El desempleo es un problema de especial gravedad en el caso de los jóvenes, sobre todo para los jóvenes negros y otros chicos procedentes de comunidades racialmente oprimidas. Del mismo modo, se trata de un problema muy serio para las mujeres jóvenes, especialmente en el caso de las chicas de color. ¿Cuántos de vosotros pensáis de vez en cuando que, una vez graduados, el futuro os reserva un trabajo creativo y bien remunerado, o que alguna beca os permitirá ir a la universidad? Muchos, estoy segura. Pero debéis saber que os jugáis el porvenir por culpa de un Gobierno al que le importan un bledo sus jóvenes o vuestro porvenir. El Gobierno de Reagan es el mayor represor de los deseos juveniles en la historia de nuestro país. Pues, desde el primer día, ha emprendido recortes masivos en la mayoría de los programas que os beneficiaban: formación laboral, programas de trabajo veraniego, el sistema de salud, la educación, el asesoramiento y multitud de proyectos recreativos. Los fondos destinados a todos estos programas se han transferido al ejército. Sin ir más lejos, aquí mismo, en Berkeley, vuestro actual alcalde, el honorable Gus Newport, creó un Programa de Empleo Juvenil donde se daban la mano el distrito escolar, el sector privado y el consistorio local. Pero la zarpa de Reagan ha logrado que el programa quede reducido a una mera sombra de lo que antes era.

La absurda solución de Reagan al problema del paro juvenil pasa por implementar un triste salario mínimo, algo que él denomina una «paga veraniega». Originalmente, había propuesto asignar un salario mínimo de 1,57 dólares [por hora] para cada adolescente. Pero yo me pregunto: ¿quién, en su sano juicio, querría trabajar por el precio equivalente al sueldo de un esclavo? Tal vez por este motivo, el mínimo se aumentó hasta los 2,50 dólares. Pensad, por un momento, en los millones de dólares que podrían ganar empresas como McDonald's si os tuvieran trabajando en esas condiciones. ¡Y eso que ya prosperan con la mano de obra barata de los adolescentes! Los jóvenes no solo deberíais tener asegurado un salario mínimo, sino que, además, esas tristes cifras deberían duplicarse. Por añadidura, debería ponerse en marcha inmediatamente un programa formativo como requisito previo para la creación de cinco millones de puestos de trabajo reservados a jóvenes, todo ello en el marco de un proyecto de obras públicas capaz de reparar los tejidos urbanos.

Imaginad una semana laboral más corta —con solo treinta horas en lugar de cuarenta— y sin recortes salariales. Esto crearía millones de nuevos puestos de trabajo para los jóvenes.

Imaginad que todos los colegios y las universidades del país se pusieran de acuerdo para ofrecer una educación gratuita a todos nuestros chavales con la mirada puesta en el futuro.

Imaginad que los puestos de trabajo y las universidades dispusieran de sólidas medidas de discriminación positiva para que los negros, asiáticos, latinos, isleños del Pacífico y nativos americanos pudieran dejar atrás, de una vez por todas, el asfixiante legado del racismo.

Imaginad que las mujeres jóvenes tuvierais exactamente las mismas oportunidades que vuestros compañeros.

Imaginad, os lo ruego, un mundo sin machismo. O un mundo sin homofobia.

Imaginad lo que sería vivir en un mundo sin racismo.

Imaginad que el Ku Klux Klan fuera apenas un fósil del pasado y que ya nunca más hubiera que lidiar con esos campamentos donde los chicos blancos van a que les enseñen a odiar y a aprovecharse de los negros, chicanos, judíos o nativos americanos.

Imaginad que viviéramos en un mundo donde un chiquillo negro de tan solo cinco años llamado Patrick Masan no pudiera jamás ser asesinado del modo más cruel por un agente blanco en Stanton, California —y que este, en ningún caso, justificara sus actos esgrimiendo que el niño llevaba una pistola de juguete en las manos—. Imaginad que viviéramos en un país en que un joven chino-americano llamado Vincent Chin no pudiera nunca ser golpeado hasta la muerte con un bate de béisbol por dos mecánicos en paro, que lo tomaron por japonés y descargaron su rabia sobre él por las importaciones de coches nipones, matando, tal como dijeron, a «un sucio amarillo».

Imaginad que viviéramos en un mundo donde los mexicanos, centroamericanos y haitianos sin papeles no fueran maltratados como mero ganado y encarcelados en campos de prisioneros hasta ser deportados a sus países de origen, donde tienen que hacer frente a una pobreza abyecta y a una represión política brutal.

Imaginad que viviéramos en un mundo donde un joven activista negro llamado Eddie Carthan, elegido de forma democrática primer alcalde negro de Tchula, Mississippi, no fuera inculpado de delitos graves y condenado a un montón de años de cárcel solo por intentar mejorar las condiciones de vida de sus vecinos más necesitados.

Imaginad que viviéramos en un mundo en que los jóvenes con discapacidades físicas y mentales no estuvieran sometidos a una devastadora discriminación cotidiana.

Imaginad que viviéramos en un mundo sin pena de muerte. Hoy, aproximadamente mil doscientas personas languidecen en las celdas de nuestro país a la espera de pasar al corredor de la muerte; algunas de estas personas eran unos críos cuando entraron en la cárcel en su día. Casi la mitad de ellas son personas de color.

Con todo y con ello, queridos amigos, queridas hermanas, no podemos conformarnos con dar rienda suelta a nuestra imaginación. Todos los presentes —mayores y jóvenes, mujeres y hombres— tenemos el deber de levantarnos, alzar la voz y luchar por un mundo mejor. No permitamos que nadie nos obligue a vivir otro Vietnam en El Salvador. Impidamos que repriman las revoluciones de Granada y Nicaragua. De vosotros depende gritarles: «¡Ni de coña! ¡No contéis con nosotros salvo para sacar a Ronald Reagan de la presidencia! Tan solo apoyaremos a gente como Ron Dellums en su camino al Congreso, al igual que a Gus Newport, el alcalde progresista de nuestra ciudad, que ha adoptado posturas decididas a favor de una educación gratuita e integradora y de puestos de trabajo para todos los jóvenes».

Y, por encima de todo, gritemos alto y claro —como Martin Luther King hace apenas veinte años—: «Yo también tengo un sueño». Porque, si bien es cierto que vuestra generación aún no había nacido cuando King encabezó la marcha que recorrió Washington en 1963, tenéis en vuestras manos el poder de encauzar este país en una dirección que refleje vuestros sueños y se encuentre a la altura de vuestros corazones.

Por último, mis jóvenes amigos, recordad que vuestras metas —y el futuro del mundo— no se consiguen solo imaginando y soñando, sino que debéis también tener la valentía de daros la mano y luchar unidos por la paz, el empleo, la igualdad y la libertad.

COSECHAR LOS FRUTOS, SEMBRAR LAS SEMILLAS[98]

La presente ceremonia que celebramos hoy en la Universidad de California en Los Ángeles conmemora un logro colectivo —la graduación de un gran número de estudiantes negros— por el que habéis trabajado con ahínco a lo largo de los últimos años. Al mismo tiempo, el evento pone de manifiesto la vitalidad de un legado forjado por el movimiento de liberación negro hace casi dos décadas. Por lo que a mí respecta, mis luchas en esta casa fueron una reacción ante la decisión de quien era entonces gobernador —es decir, Ronald Reagan— de arrebatarme el puesto como profesora en el departamento de Filosofía debido a mi afiliación al Partido Comunista. Vista así, esa batalla fue tan solo uno de los muchos frentes dentro de mi defensa del derecho de los negros a participar en el proceso educativo de esta universidad. Precisamente por eso, debo comenzar diciéndoos que siento un estrecho vínculo con vuestra generación y me siento emparentada con todos los estudiantes afroamericanos que hoy recibiréis el título de la UCLA.

98 Discurso pronunciado el 15 de junio de 1985 durante la ceremonia de graduación de la UCLA para celebrar la titulación de sus estudiantes negros.

En los tiempos que corren, aunque aún nos quede mucho para extirpar por completo el racismo que ensucia las instituciones educativas de nuestro país —y de esta universidad en particular, donde hemos asistido a un retroceso en los últimos años—, supone una gloriosa victoria saber que vosotros, como estudiantes afroamericanos que sois, vais a formar parte del cuerpo de egresados de la UCLA. No debéis olvidar que hubo mucha gente que se manifestó y se movilizó antes de que llegarais; gente que fue detenida y perdió el trabajo —e incluso la vida— con el fin de allanaros el camino hasta este momento victorioso. Os invito a haceros cargo de vuestras responsabilidades hacia aquellas personas cuyo activismo os permitió alcanzar este importante hito en vuestras vidas. En este sentido, cuando recojáis los frutos de tantas luchas pasadas, acordaos también de plantar la semilla para las batallas del futuro.

La celebración de este rito de paso me lleva a recordar que nuestros hermanos, en especial los más jóvenes, sufren los efectos de formas cada vez más nocivas de discriminación racista. Sin ir más lejos, el Fondo para la Defensa de los Niños de Washington D. C. acaba de publicar un informe titulado *Los niños negros y blancos de América: datos esenciales.* El documento señala que, en comparación con los datos obtenidos cinco años atrás, los niños negros de hoy tienen muchas más probabilidades de nacer en la pobreza, de criarse en hogares con ambos padres en paro o de sucumbir al desempleo juvenil durante la adolescencia; por si esto fuera poco, tienen muchas menos oportunidades de ir a la universidad después de graduarse en el instituto de las que tenían antes.

Entre finales de los años sesenta y mediados de los setenta, como consecuencia de las marchas, manifestaciones y huelgas que trajeron consigo un mayor nivel de aceptación de las personas negras en los centros de enseñanza superior, podemos afirmar sin titubeos que los negros alcanzamos cierto grado de progreso. De hecho, en 1977, la tasa de asistencia a la universidad era aproximadamente la misma para los estudiantes negros que para los blancos. Sin embargo, en 1982 —apenas cinco años más tarde— el número de jóvenes blancos que iba a la universidad era ya un 45% más alto que el de jóvenes negros.

El mencionado informe publicado por el Fondo sugiere que este claro deterioro del acceso de los negros a las instituciones de enseñanza superior es directamente atribuible al creciente empobrecimiento de la comunidad afroamericana. No en vano, casi la mitad de los niños negros son hoy pobres, mientras que solo uno de cada seis niños blancos se encuentra oficialmente por debajo del nivel de pobreza. Además, los niños negros son cinco veces más proclives a depender de los subsidios sociales que los niños blancos.

El Gobierno de Reagan se jacta de que sus políticas han dado lugar a un acusado descenso de la tasa de paro. Sin embargo, nuestras comunidades siguen registrando niveles deprimentes de desempleo. Los datos oficiales relativos al aumento del desempleo entre los negros ni siquiera reflejan el enorme número de afroamericanos que llevan tanto tiempo buscando trabajo que, por desesperación, han decidido tirar la toalla. Un número ingente de nuestras hermanas, sin ninguna formación y carentes de las cualificaciones adecuadas para acceder al mercado laboral, son incapaces de dar con un puesto de trabajo que les permita pagar, al menos, los gastos asociados a la búsqueda de empleo. Por decirlo de otro modo: con demasiada frecuencia, las madres negras solteras no ganan lo suficiente para pagar ni siquiera los cuidados de sus hijos, el transporte, la ropa, etcétera —por no hablar de gastos como el alquiler, la manutención y el resto de necesidades básicas—. Por ende, a menudo se ven obligadas a acogerse al programa de Ayudas para Familias con Hijos Dependientes, ya que sencillamente no pueden trabajar.

Sin embargo, la educación por sí sola no basta para curar estos síntomas, que padecemos como consecuencia de la epidemia racista que infecta nuestro Gobierno y nuestra sociedad. Con independencia de cuál sea su nivel educativo, las mujeres y los hombres afroamericanos tienen hoy menos probabilidades de encontrar trabajo que los blancos. El desempleo es tres veces mayor entre los negros titulados en la universidad que en el caso de los egresados blancos. Resulta inaudito saber que el nivel de paro que soportan los jóvenes negros recién graduados es casi tan elevado como el de los chicos blancos que ni siquiera terminan los estudios secundarios. De hecho, aproximadamente, uno de cada cuatro licenciados negros no consigue acceder nunca al mercado laboral.

Aunque algunos de vosotros tengáis la suerte de encontrar un empleo, seguramente viváis otra triste realidad: comprobar que vuestros sueldos son bastante más precarios que los de vuestros colegas blancos. En 1982, entre los licenciados universitarios, los varones blancos ganaban una media anual de veintinueve mil dólares, mientras que los hombres negros apenas cobraban diecinueve mil. Por su parte, las mujeres blancas ganaban dieciocho mil dólares de media, mientras que sus compañeras negras se tenían que conformar con dieciséis mil; es decir, percibían trece mil dólares menos, de media, que los varones blancos.

Esto, mis jóvenes hermanas, mis queridos hermanos, es lo que os espera. Aunque os encontréis entre los miembros más privilegiados de nuestra comunidad y recojáis hoy los frutos de vuestro sacrificio —gracias a las luchas de nuestros antepasados—, vuestro porvenir dista mucho de estar asegurado.

¿Cuál es la base política de esta crisis que lastima a los afroamericanos? El ataque sin cuartel de la administración Reagan contra el movimiento obrero, por no hablar de las medidas institucionales que aspiran a revertir los logros más importantes del movimiento por los derechos civiles. Con respecto a esto, en los últimos años, la Comisión por los Derechos Civiles de Estados Unidos ha sido desmantelada casi por completo, sobre todo si tenemos en cuenta que Clarence Pendleton, el dirigente negro que puede calificarse como la mano derecha de Reagan, conduce este organismo hacia una dirección que lo convertirá pronto en una agencia destinada a blanquear las políticas racistas de nuestra administración, cuando tendría que actuar, en realidad, como un baluarte de los derechos civiles (objetivo para el que fue concebido).

La arremetida unánime emprendida contra la clase obrera es la responsable de que las condiciones económicas de las personas negras se hayan deteriorado vertiginosamente. Por añadidura, el asalto perpetrado contra las mujeres ha causado que las condiciones de las mujeres negras sean especialmente insufribles. Esta intensificación del racismo incitado por el Gobierno de Reagan motiva la violenta escalada de crímenes policiales contra la comunidad afroamericana. No hace mucho, el cuerpo de policía de la cacareada «Ciudad del Amor Fraterno» atacó un hogar negro en una acción sin precedentes por su brutalidad. El asedio a la sede del Movimiento Cristiano Provida [MOVE por sus siglas en inglés, traducibles como «Haz algo»] de Philadelphia se saldó con el asesinato de once mujeres, niños y varones negros, y ocasionó el incendio de unas sesenta viviendas asociadas a nuestra comunidad. En este sentido, no nos basta con pedir responsabilidades a la policía, sino también debemos señalar también al alcalde negro de dicha ciudad, Wilson Goode, por orquestar esta guerra contra nuestra gente.

La agenda racista de la administración tiene también graves implicaciones internacionales. Como resultado directo de la coalición entre Estados Unidos y Sudáfrica, entablada bajo la apariencia de un «acuerdo constructivo» —que habría que llamar, en realidad, «pacto destructivo»—, más de cuatrocientos sudafricanos han sido asesinados por la policía y el ejército desde el comienzo del año. Por si esto fuera poco, miles de personas más han sido censuradas, detenidas, encarceladas y torturadas. Los defensores de la libertad y los líderes comunitarios del Frente Democrático Unido se enfrentan a penas de muerte. Nelson Mandela ha acabado en la cárcel y Winnie Mandela ha sido inhabilitada o se ha visto sometida a arresto domiciliario durante los últimos veinticinco años.

Mientras tanto, en nuestra tierra, ha visto la luz en los últimos seis meses un potente movimiento contrario al *apartheid* que ha logrado congregar a decenas de miles de manifestantes en sus piquetes, marchas, manifestaciones y sentadas. Literalmente, millares de personas han sido detenidas por participar en actos que el Gobierno considera «desobediencia civil». Así, por ejemplo, los estibadores de San Francisco se negaron a descargar mercancías sudafricanas y los estudiantes de toda California —desde la Universidad de Berkeley hasta la de Santa Cruz, pasando por la UCLA— han dado muestras de creatividad y vehemencia al exigir a la Universidad de California que deje de colaborar con las empresas que aún operan en Sudáfrica. Los rectores de dicha universidad se reunirán la próxima semana, sin duda con la intención de escurrir el bulto con alguna excusa. Pero, hagan lo que hagan, debemos tener claro que es solo cuestión de tiempo hasta que llegue el momento en que Estados Unidos renuncie a sus intereses en Sudáfrica y esta universidad se vea obligada a dejar de hacer negocios con un dinero que está manchado de sangre (por mucho que lo edulcoren como «beneficios empresariales»). Los directivos de las corporaciones se empeñan en decirnos que las desinversiones les harán perder dinero. Pues bien, incluso si fuera así, no me parece tan grave que paguen ese precio por haber practicado algo tan inmoral como aprovecharse durante tanto tiempo de los obreros negros, cuyo salario era una décima parte del que pagaban a los blancos.

Al final, el pueblo de Sudáfrica prevalecerá. Con o sin nuestra ayuda, sé que saldrá adelante. Sin embargo, lo que nosotros hagamos desde nuestro país podría acelerar mucho su victoria. Por eso, es nuestra responsabilidad no solo seguir luchando por las desinversiones, sino presionar para que se ponga fin a todas las relaciones comerciales con Sudáfrica. En definitiva, deben cortarse todas las relaciones económicas, culturales y políticas con Sudáfrica hasta que el edificio del *apartheid* se derrumbe por completo.

Estos son algunos de los retos urgentes a los que nos enfrentamos en los tiempos que corren. Y sobre vuestros hombros, como graduados afroamericanos de esta venerable institución, pesa un deber muy valioso: el de formar parte y llevar las riendas de los movimientos surgidos para hacer frente a tales desafíos. En este sentido, tenéis el deber de buscar el bienestar no solo de los negros de Estados Unidos, sino también de chicanos, latinos, asiáticos, isleños del Pacífico y nativos americanos que viven en nuestra patria. Asimismo, no olvidéis velar por la clase trabajadora en su conjunto, y esforzaos por comprender los lazos que nos unen —a hombres y mujeres— en la lucha por la igualdad de género. En este sentido, no paséis por alto la difícil coyuntura que viven nuestros hermanos sudafricanos, ni tampoco olvidéis que el pueblo de Nicaragua, El Salvador u Oriente Próximo es nuestra gente también. Por último, como estudiantes afroamericanos que sois, aprovechad la ocasión para desempeñar un papel decisivo en los esfuerzos por librar a este planeta de la amenaza del desastre nuclear.

Por todas estas razones, quisiera poner el broche al acto de graduación que celebramos hoy —una meta a la que habéis dedicado más años de esfuerzo de los que destinaréis, tal vez, a ningún otro proyecto de vuestras vidas— invitándoos a reflexionar no solo sobre el tiempo —y las fatigas— que os ha tocado vivir, sino sobre las luchas de vuestros antepasados, que os permitieron venir a esta universidad, recibir una buena educación y recoger vuestros títulos. Habéis llegado a un punto en vuestras vidas que os exige allanar el camino de vuestros sucesores, las generaciones venideras de afroamericanos. En vuestra mano está dejar a estas hermanas y hermanos del futuro un mundo en paz, por fin libre del desastre nuclear; un mundo donde echen la vista atrás y piensen en la vida, la educación y el futuro que les habéis legado.

LOS ESTUDIOS ÉTNICOS Y SU SENTIDO GLOBAL[99]

La noción de «estudios étnicos» agrupa el conjunto de reivindicaciones culturales propias de las personas racialmente oprimidas de Estados Unidos. Desde este punto de vista, el mencionado concepto ha implicado siempre, junto con el rechazo al racismo presente en nuestro sistema educativo, un proceso destinado a tender puentes que nos permitan identificarnos con las luchas y los logros de las personas de color discriminadas en cualquier lugar del mundo. Así, aunque tenemos presente que los lazos que nos unen con las personas de África, Asia, el Caribe, Oriente Próximo y América Latina son, por encima de todo, el resultado de nuestro legado racial y cultural, también debemos ser conscientes de que estos vínculos se han potenciado muchísimo gracias a la búsqueda en común de una mayor dignidad y libertad. «¿Qué es África para mí?», se preguntó una vez W. E. B. DuBois:

> África es, por supuesto, mi patria. Sin embargo, ni mi padre ni el padre de mi padre pisaron jamás suelo africano, ni conocieron

99 Discurso pronunciado en la Universidad Estatal de San Francisco el 14 de abril de 1984.

> su significado, ni pensaron demasiado en esa tierra. Mis parientes por el lado materno sí la tenían más cerca y, pese a ello, su vínculo directo —racial y cultural— con el mundo africano se fue desdibujando. Como quiera que sea, mis raíces africanas son profundas. En este continente tan enorme nacieron y pasaron su vida muchos de mis ancestros, a lo largo de un proceso que se remonta más de mil años atrás. La huella de su legado está en mi piel y en mi pelo. Se trata de menudencias, detalles irrelevantes por sí mismos; tan solo son importantes en la medida en que encarnan diferencias reales y más sutiles con respecto a otros hombres...
>
> Con todo, hay algo seguro: que, desde el siglo XV, estos antepasados y el resto de su progenie han ido tejiendo una historia en común, han sido víctimas de un mismo desastre y nos han legado una vasta memoria. [...] [La] verdadera esencia de este parentesco es la esclavitud como herencia social; la discriminación y el insulto; y esta herencia une no solo a los hijos de África, sino que se extiende a lo largo de [...] Asia y los mares del Sur. Es esta unidad lo que me ata a África.[100]

De hecho, la centenaria búsqueda de la emancipación por los afroamericanos siempre ha guardado una especial relación con las luchas de liberación nacional emprendidas sobre suelo africano. Así, no es coincidencia que 1960, el año de las sentadas en todo el sur del país —unas manifestaciones que marcaron un punto de inflexión en el movimiento por los derechos civiles—, se conociera también como «el Año de África», debido a los golpes de gracia que sufrieron los antiguos imperios coloniales en el conteniente. Camerún, Togo, Senegal, Malí, Madagascar, Congo-Kinshasa,

100 W. E. B. DuBois, *Dusk of Dawn,* Schocken Books, Nueva York, 1968, pp. 116-117.

Congo-Brazzaville, Somalia, Dahomey, Níger, Alto Volta, Costa de Marfil, Chad, la República Centroafricana, Nigeria, Gabón, Mauritania... En 1960 proclamaron su independencia un total de diecisiete Estados.

Para los movimientos negro, puertorriqueño y chicano de los años sesenta, la Revolución cubana supuso también una influencia poderosa. Mientras los jóvenes movilizábamos a nuestras comunidades, salíamos a la calle y nos manifestábamos para reivindicar nuestro rechazo al racismo, mientras luchábamos contra la brutal represión policial, nos sentíamos inspirados por el heroísmo revolucionario del Che Guevara, Fidel Castro y Haydee Santamaría. Veíamos reforzadas nuestras convicciones al saber que una de las primeras medidas adoptadas en Cuba con la Revolución era ilegalizar la discriminación racial. Y, en nuestro empeño por seguir explorando el legado cultural negro y latino, nos sentíamos reforzados al contemplar la importancia que otorgaban los cubanos a la cultura africana en campos como la música, la danza o la educación.

Por eso, al examinar los influjos internacionales que se dejan sentir sobre Estados Unidos con respecto a los problemas del Tercer Mundo —y en particular las causas que trajeron consigo la fundación de los estudios étnicos—, no debemos dejar de reconocer el inmenso impacto que ha tenido la guerra de Vietnam. El heroico pueblo vietnamita, en su esfuerzo por repeler un asalto imperialista y dotarse a sí mismo de un nuevo orden social, fue una inspiración continua dentro de nuestras fronteras, sobre todo para quienes anhelábamos un nuevo orden social también en nuestro país, feudo del imperialismo. Como mujeres que somos, las evidentes aportaciones de las vietnamitas, en todos los frentes de esta lucha popular, nos conmovieron especialmente.

Sin ir más lejos, Madame Nguyen Thi Dinh se erigió como el símbolo del proceso capaz de fusionar la emancipación de las mujeres con la liberación nacional. Y, ciertamente, tanto la experiencia cubana como la vietnamita convencieron a un número cada vez mayor de activistas políticos estadounidenses a considerar seriamente el socialismo como la meta estratégica por antonomasia.

La lucha en favor de los estudios étnicos en Estados Unidos se reveló un elemento crucial en las reivindicaciones de índole educativa, pero también con respecto al movimiento general de lucha por la justicia y la igualdad. Con la evolución del movimiento de liberación afroamericano —desde los tiempos de la esclavitud hasta el día de hoy—, la batalla por la educación ha desempeñado el papel principal en la búsqueda más amplia de la libertad. Por su parte, a escala internacional, las reivindicaciones a favor de una educación igualitaria y justa también han desempeñado un papel fundamental y han decantado las pugnas por la liberación nacional. Consideremos, por poner un ejemplo, el caso de Sudáfrica. Entre el 16 de junio y el 30 de agosto de 1976, la policía del país disparó más de dieciséis mil cartuchos para sofocar la insurrección estudiantil y obrera de Soweto. El desencadenante de esta rebelión radicó en el intento gubernamental —al hilo del *apartheid*— de obligar al colectivo africano a estudiar ciertas asignaturas en lengua afrikáans, propia de los opresores blancos. Pero, a partir de esa chispa, el incendio cundió hasta convertirse en algo que trascendía el rechazo de la lengua afrikáans: dio lugar a una protesta contra todo el sistema de educación bantú, diseñado para convertir a los nativos africanos en personas subalternas. Como señaló entonces el Congreso Nacional Africano:

> Esto no es solo una huelga contra el afrikáans como medio instructivo, sino el clamor político de un pueblo esclavizado y maltratado que rechaza por completo la educación bantú.[101]

El análisis de la ANC sobre la mencionada educación bantú ofrece muchos paralelismos con la coyuntura que atraviesan los pueblos negro, latino, asiático y nativo americano dentro de nuestras fronteras:

> El sistema educativo que tenemos es un mero instrumento para afianzar el dominio blanco. Prepara al niño africano para asumir el papel de desvalido y proporcionar mano de obra barata sin sentirse interpelado por los ideales de liberación nacional propios de las masas oprimidas. Su papel consiste en apuntalar el puesto de privilegio que ocupa el hombre blanco, aislando al niño africano de cuanto ocurre en el mundo y confinándolo al marco de bulos y falsedades que fabrican los bóeres con el fin de posponer, tanto como sea posible, el desarrollo intelectual de los negros. La educación que reciben estos niños glorifica el tribalismo; les impone una imagen salvífica de los varones blancos cuya misión divina es dominar la vida de los negros y decidir por ellos cómo, dónde y cuánto deben vivir su vida. Es, en definitiva, una educación servil.[102]

Durante el levantamiento de Soweto se quemaron prácticamente todas las oficinas de la administración bantú. Las cervecerías y licorerías, gestionadas por el Gobierno responsable del *apartheid* —y fuente principal de sus ingresos en las zonas habitadas por los negros—, fueron también

101 «Spotlight on Soweto» [«Los focos sobre Soweto»], artículo publicado en el boletín *Peace Courier* del Centro de Información vinculado al Consejo Mundial de la Paz (Helsinki, Finlandia: febrero de 1984).

102 *Ibidem.*

objeto de estos ataques. «Menos alcohol, más educación» y «Más escuelas, menos bares» eran los eslóganes repetidos por los estudiantes y pintarrajeados en las calles de todo Soweto.

Mientras tenía lugar esta insurrección, los dirigentes del *apartheid* se jactaban de estar invirtiendo más dinero que nunca en la educación africana. Sin embargo, lo cierto es que existía (y aún existe) una creciente brecha entre la educación de los blancos y la de los negros. En 1964, la administración sudafricana se gastaba diez veces más dinero en los estudiantes blancos que en los estudiantes negros. Pues bien: en 1974, esta desproporción era de quince a uno. Nelson Mandela logró burlar los controles de la cárcel, donde lleva preso desde 1962, y emitir este mensaje al respecto:

> [El] dictamen es rotundo: el sistema de *apartheid* ha fracasado. Nuestro pueblo lo rechaza sin contemplaciones. De jóvenes a viejos, de padres a hijos: todo el mundo lo rechaza. Al frente del aluvión de disturbios producidos entre 1976 y 1977 estaban nuestros jóvenes y nuestros estudiantes. Venían de las universidades, de los institutos e incluso de las escuelas primarias [...].
>
> Tras más de dos décadas de educación bantú, el círculo se ha cerrado: nada demuestra mejor la ruina del *apartheid* que la rebeldía de nuestras juventudes. Las heridas, la crueldad y el salvajismo propios del *apartheid* han estado ahí desde el primer momento. Y, por eso mismo, todo el pueblo negro —la gente de color, los indios y los nativos— le ha plantado cara permanentemente.[103]

Por su parte, la guerra educativa que afecta a Granada nos ha aportado también lecciones decisivas y de gran relevancia

103 *Ibidem.*

para seguir defendiendo y ampliando los estudios étnicos en nuestras facultades, pero también en el resto del estado y del país. Las personas que tomamos parte en la Escuela de Estudios Étnicos de San Francisco sentimos un cariño especial hacia el pueblo granadino; no en vano, hemos costeado la reciente visita a San Francisco de la Compañía Escénica Nacional de Granada. En los últimos tiempos, trabajábamos a fondo con el fin de establecer un programa de intercambio entre esta universidad y el Colegio de Profesores de Granada, que seguiría vigente de no haberse producido el asesinato del primer ministro Maurice Bishop y la posterior invasión de Granada por Estados Unidos.

El devastador legado del sistema educativo colonial lo expuso a la perfección el malogrado primer ministro:

> Quizá el más grave crimen que el colonialismo legó a nuestro país —e incluso que ha legado a la totalidad de sus antiguas colonias— corresponde al sistema educativo. Si me atrevo a decir esto es porque dicho sistema sirvió para inculcar en nuestro pueblo una actitud de odio hacia sí mismo; para hacernos renunciar a nuestra historia, nuestra cultura, nuestros valores. Nos obligó a aceptar la superioridad blanca como un principio básico. Minó nuestra confianza, ahogó nuestra creatividad y ayudó a perpetuar en nuestra sociedad los privilegios y las diferencias por motivos de clase. Los amos coloniales pronto se dieron cuenta de que era imprescindible que el pueblo sometido pensara como ellos y borrara las huellas de su propia historia y su cultura. [...] Si conseguían eso, sus planes de dominio y explotación perpetuos tenían el éxito garantizado.[104]

104 M. Bishop, *Maurice Bishop Speaks,* Pathfinder Press, Nueva York, 1983, p. 42; hay edición, parcial, en castellano: *Discursos escogidos 1979-1983,* F. Á. González (tr.), Casa de las Américas, La Habana, 1986.

Encabezando la lista de prioridades dictada tras el triunfo del Movimiento de la Nueva Joya en marzo de 1979 estaba la transformación del sistema educativo heredado de la dictadura de Eric Gairy. Jacqueline Creft, ministra granadina de Educación, Cultura y Asuntos de la Mujer hasta su asesinato durante el sangriento golpe de Estado perpetrado contra el Gobierno de Bishop, aludió a esos proyectos con las siguientes palabras:

> Estábamos resueltos a cambiar un sistema que violaba por completo los intereses de casi todo el pueblo y que, por si fuera poco, inoculaba el miedo, el odio y la alienación en la mente de los niños. [...] En este sentido, hablarles de la pequeña Miss Muffet, de *La vaca saltó sobre la luna,* Guillermo el Conquistador, los narcisos de Wordsworth o de los supuestos «descubrimientos» de Cristóbal Colón en el mal llamado «Nuevo Mundo» cumplían la misma función.[105]

Aunque el proceso revolucionario en Granada se detuvo en seco en el otoño de 1983 por culpa de un golpe de Estado interno (acompañado de la invasión militar estadounidense), hasta entonces se habían dedicado casi cinco años a la puesta en marcha de un nuevo modelo educativo que logró alfabetizar al pueblo y lo dotó de una nueva identidad cultural y una conciencia política cada vez más madura. Durante ese periodo, las vallas publicitarias que mostraban el eslogan «EDUCACIÓN: UN DERECHO, NO UN PRIVILEGIO» adornaron el país de arriba abajo. Multitud de jóvenes docentes enseñaban con pasión a los adultos las habilidades

105 *Grenada Is Not Alone* [*Granada no está sola*], antología de discursos y proclamas del Gobierno Revolucionario Popular recopilada con ocasión de la Primera Conferencia Internacional en Apoyo de Granada, celebrada en noviembre de 1981, Fedon Publishers, St. Georges, 1982, p. 51.

básicas de lectoescritura, al tiempo que se creaban nuevos centros escolares en los que proporcionar una educación pública gratuita y al alcance de todos.

Cuando llegó el golpe, aún se estaban corrigiendo los viejos libros de texto con el fin de que enseñaran la historia y el patrimonio de todos los granadinos. En los primeros cursos de primaria, los manuales ya hablaban en la lengua de la gente —habiendo abandonado el inglés de la reina—, lo que ayudaba a saltar de la lengua hablada a la escrita y legitimaba la rica tradición oral de Granada. La cultura había empezado a florecer durante aquellos cuatro años y medio, y por primera vez se iniciaron importantes investigaciones sobre las raíces africanas de la nación. Sin ir más lejos, en la isla de Cariacoa, la tradicional danza del tambor se enseñaba y practicaba con fervor como uno de los hitos culturales más sólidos de la herencia africana en Granada.

«La Revolución granadina —declaró Jacqueline Creft— es también una revolución educativa», pues

> se basa en la certeza de que el conocimiento y el poder económico deben ir de la mano, y tiene la convicción de que la emancipación completa de nuestro pueblo solo se alcanzará cuando consolidemos esos dos aspectos de forma equilibrada.[106]

Esta audaz e ilusionante propuesta educativa quedó anulada de forma violenta; y, sin embargo, el espíritu de la revolución permanece vivo. Deberíamos recordar más a menudo no solo la importancia de estudiar a fondo la experiencia granadina (para extraer de ella lecciones aplicables a nuestras luchas por una educación digna), sino también la

106 *Ibidem*, p. 60

necesidad de apoyar a quienes siguen defendiendo el legado revolucionario.

Aunque la Revolución de Granada ha sido sofocada temporalmente, la llama del sandinismo sigue viva, por suerte, en Nicaragua. Sin duda, la experiencia educativa del pueblo nicaragüense es un modelo a seguir para quienes entendemos que el proceso educativo debería estar al servicio de la realidad histórica de los pueblos oprimidos. Así, en ocasiones se oye que Nicaragua es toda ella una escuela, ya que más del 40% de la población participa de algún modo en el sistema educativo. Por desgracia, para cuando se produjo la caída de Somoza, casi la mitad de los nicaragüenses no sabían leer ni escribir. En la mayoría de las zonas rurales, de hecho, la tasa de analfabetismo ascendía al 70%, y en algunos pueblos ese valor era del 100% entre las mujeres. Por si esto fuera poco, en palabras de Ernesto Cardenal, ministro de Cultura,

> la literatura, el teatro y las canciones habían sido suprimidas. Se habían prohibido los libros. [...] Por eso somos tan dados a las obras de protesta o al cancionero político y nos gustan tanto las obritas de teatro callejeras, siempre populares y provocativas (y, por ese motivo, a veces clandestinas).[107]

Irónicamente, señala Cardenal, Tolstói fue prohibido por ser un autor ruso; en cambio, *La Sagrada Familia* de Marx y Engels sí que fue permitida gracias a su título.

Apenas cinco semanas después del triunfo sandinista, empezó a tomar forma una masiva cruzada gubernamental contra el analfabetismo. El 24 de marzo de 1980 dio comienzo

107 P. Rosset y J. Vandemeer (eds.), *The Nicaragua Reader*, Grove Press, Nueva York, 1983, p. 347.

la campaña de alfabetización, durante la cual cien mil estudiantes voluntarios enseñaron a otros ciudadanos a leer y a escribir. Para garantizar que la iniciativa fuera lo más amplia y efectiva posible, se decidió cerrar los institutos durante un semestre, lo que permitió que muchos estudiantes impartieran clases en las regiones más remotas del país. Cuando el 30 de agosto —es decir, cinco meses más tarde— concluyó la campaña, la tasa de analfabetismo había pasado del 52% a casi el 12%. Esta proeza es, sin duda, uno de los logros más notables de la Revolución sandinista. Los pobres de Nicaragua —tanto el campesinado como la población indigente del ámbito urbano— no solo habían aprendido sus primeras letras o adquirido los rudimentos básicos de lectura y escritura, sino que habían estudiado por primera vez la realidad económica, política y social del mundo en el que viven. En palabras de Fernando Cardenal, director de esta campaña de alfabetización:

> Estamos convencidos de que, para fundar una nueva nación, debemos empezar por ofrecer a la gente una educación liberadora. Pues solo si conocemos nuestro pasado y presente, solo si reflexionamos sobre nuestra realidad, estaremos preparados para elegir un futuro. La educación, por lo tanto, debe invitarnos de lleno a tomar las riendas de nuestra vida, a tomar decisiones informadas y sensatas, a comprender nuestro rol como ciudadanos responsables sujetos a derechos y obligaciones. [...] Promover una educación liberadora implica trabajar juntos para entender y regir los factores económicos, políticos y sociales de esta sociedad, garantizando con ello que la nueva nación sea una obra de todos.[108]

108 F. Cardenal y V. Miller, «Nicaragua 1980: The Battle of the ABCS», en A. Mattelart (ed.), *Communicating in Nicaragua,* International General, Nueva York, 1986, pp. 97-98.

En eso consiste la Revolución nicaragüense: en dotar a sus hombres y mujeres de las armas educativas y económicas que les permitan convertirse en artífices de su propia historia y construir un futuro que responda a las necesidades colectivas. Esto mismo pretendían los granadinos, y este es, de hecho, el objetivo por el que pelea también el pueblo sudafricano.

Mientras sigamos luchando por el derecho a crear y ampliar programas de estudios étnicos, siempre tendremos mucho que aprender de los pueblos que defienden con uñas y dientes los logros de su liberación nacional. Otro tanto sucede con las experiencias de los países socialistas en general. Y es que el mundo está inmerso en una transformación destinada a hacer añicos las estructuras socioeconómicas del capitalismo. En este sentido —tanto si somos conscientes de ello como si no—, las luchas de la gente oprimida por motivos de raza o de origen en Estados Unidos son inseparables de cualquier otro esfuerzo que hagamos para acelerar el mencionado derrumbe. Y, se mire como se mire, nuestra promoción de los estudios étnicos se inserta en esta dinámica histórico-mundial. Pues, como declaró Martin Luther King poco tiempo antes de ser asesinado en 1968:

> Vivimos tiempos revolucionarios. Por todo el planeta, los hombres (¡y las mujeres!) se levantan contra los viejos sistemas de explotación y opresión. Los desarrapados y descalzos de la tierra se rebelan, por fin, como nunca lo hicieron. «El pueblo que caminaba en tinieblas ha visto una luz cegadora». Nosotros, en Occidente, debemos apoyar estas revoluciones [...]. Debemos encontrar nuevas formas de llevar la paz a Vietnam y de alcanzar la justicia en el resto del mundo subdesarrollado, un mundo que llama a nuestra puerta. Si no

actuamos ahora, nos veremos arrastrados con toda seguridad hasta los tortuosos, oscuros y vergonzantes rincones de la historia; renglones reservados para quien tiene poder pero no compasión; voluntad pero no ética; fuerza pero no madurez.[109]

109 M. L. KING, Jr., *Trumpet of Conscience,* Harper and Row, Nueva York, 1968, pp. 33-34.

EL ARTE EN PRIMERA LÍNEA DE BATALLA: POR UNA CULTURA POPULAR[110]

En 1951, el político Paul Robeson hizo la siguiente declaración durante una conferencia celebrada en Nueva York acerca de la igualdad de derechos para las personas negras en el mundo de las artes, las ciencias y las profesiones especializadas:

> Nuestra tierra está plagada de expoliadores semejantes a aquellos que trataron de estrangular nuestra república durante su nacimiento. Expoliadores que habrían estado encantados de condenar a mi amado pueblo a una servidumbre interminable; un hatajo de poderosos que no tuvieron reparos en ensalzar a Hitler mientras este aniquilaba buena parte de todo un excelso pueblo [...].
>
> La totalidad de [los] millones de personas que habitan el mundo se muestran espantados ante la simple imagen y el nombre de «América». Y, aun así, nos adoran, esperan de nosotros que les ayudemos a crear un mundo en que todos podamos vivir en paz y ser amigos; un mundo en que podamos intercambiar lo más excelso de nuestras diversas artes y oficios, las incontables maravillas de nuestras creaciones

110 Texto publicado originalmente bajo el título «For a People's Culture» [«Por una cultura popular»] en *Political Affairs*, 64.3 (marzo de 1985).

> científicas colectivas; un mundo en el que podamos regocijarnos ante el poder desatado de nuestro yo más íntimo, del potencial encerrado en las muchedumbres. Para toda esta gente, «nosotros» somos la verdadera América. Tengámoslo presente.
>
> Aprendamos a llevar ante las grandes masas del pueblo estadounidense «nuestra» cultura y «nuestro» arte. Pues, a fin de cuentas, ¿a qué nos referimos cuando hablamos hoy de cultura estadounidense? A una cultura restringida a un puñado de individuos. Pues ¿cuántos obreros van alguna vez al teatro? Me tiré veinte años de mi vida dando conciertos —con entrada previo abono— y las dos mil butacas de todos esos bolos siempre se llenaban antes de que un solo negro o cualquier currela de nuestra comunidad tuviera siquiera la ocasión de enterarse. [...] Tan solo cuando cantaba en espacios sindicales, en medio de los piquetes y durante las batallas que libraba nuestro pueblo en pos de su libertad tuvieron ocasión de oír mi voz los trabajadores de esta tierra.[111]

Más de tres décadas después de que fueran pronunciadas estas palabras, el lamento entonado por Paul Robeson constituye aún uno de los principales retos a los que nos enfrentamos los artistas y activistas políticos progresistas: ¿qué estrategia colectiva deberíamos emplear para reconocer nuestro legado cultural de carácter popular y saber comunicárselo a nuestra gente si tenemos en cuenta que a la mayoría se les ha negado siempre el acceso a los espacios sociales reservados al arte y la cultura? Estados Unidos es el escenario de una rica y efervescente tradición artística de corte popular basada en la historia de la militancia obrera y de las luchas libradas por los afroamericanos, las mujeres y los círculos pacifistas. Por eso, es

111 P. Robeson, *Paul Robeson Speaks,* Citadel Press, Nueva Jersey, 1978, pp. 303-304.

de crucial importancia que exploremos a fondo esa tradición, la comprendamos, la reivindiquemos y aprendamos a extraer de ella los nutrientes culturales que alimenten nuestra contraofensiva política y cultural contra las instituciones e ideas regresivas engendradas por la codicia capitalista más arraigada.

Como observaron Marx y Engels hace mucho tiempo, el arte no es sino una forma de conciencia social: una forma muy particular de conciencia social capaz de despertar, en quienes se ven afectados por ella, el impulso de transformar sus entornos opresivos de manera creativa. El arte puede funcionar al mismo tiempo como sensibilizador y como catalizador, pues impulsa a las personas hacia la participación en movimientos organizados que aspiran a lograr un cambio social radical. El arte es algo especial en virtud de su capacidad para influir tanto en nuestros sentimientos como en nuestros conocimientos. El teórico comunista de origen británico Christopher Cauldwell, autor de extensos escritos sobre estética, sentenció en cierta ocasión que la función del arte consistía en socializar los instintos humanos y educar nuestras emociones:

> La emoción, a pesar de su esplendoroso colorido, surge como resultado de una cultura que moldea con el paso del tiempo diversos instintos ciegos e insensibles. El arte, la educación, la experiencia social cotidiana nos hablan de ello [...] y gobiernan y dan forma a sus innumerables fenómenos.[112]

En este sentido, un arte progresista puede ayudarnos a conocer más de cerca no solo las fuerzas objetivas que actúan en

112 Ch. Caudwell, *Studies in a Dying Culture,* Monthly Review Press, Nueva York, 1971, p. 183.

la sociedad en que vivimos, sino también el valor profundamente social de nuestra vida interior. En última instancia, un arte de esta índole nos encaminaría hacia la emancipación. Si bien no es imprescindible que todo el arte progresista gire en torno a problemas explícitamente políticos —de hecho, podríamos considerar que una canción de amor ya es progresista si orienta su sensibilidad hacia las vidas de las mujeres y los hombres de la clase obrera—, en la presente ocasión me gustaría ahondar de manera específica en los sentidos sociopolíticos más marcados del arte con el fin de definir el papel que este podría asumir para favorecer el progreso social.

Dado que la historia de la cultura afroamericana revela la existencia de fuertes vínculos entre el arte y la lucha por la liberación de las personas negras, dicha historia atesora también importantes lecciones para quienes estamos interesados en reforzar los puentes entre el arte y los movimientos populares en la actualidad. De todas las formas artísticas asociadas históricamente a la cultura afroamericana, la música ha desempeñado el papel más destacado como impulsora de un despertar de la conciencia social en nuestra comunidad. Así, durante la época de la esclavitud, los negros fueron víctimas de una estrategia deliberada de genocidio cultural en virtud de la cual tenían prohibido cultivar la mayoría de sus costumbres africanas, a excepción de la música. Si se permitía a los esclavos cantar mientras trabajaban en el campo e incorporar la música a sus ritos religiosos se debía a que el esclavismo no comprendía la función social de la música en general y, más en particular, el papel capital que esta desempeñaba en todos los aspectos de la vida en sociedad del África Occidental. Como resultado de esta incomprensión, los negros pudieron crear con su música una comunidad estética de resistencia que a su vez fomentó y alimentó el surgimiento de una comunidad política de lucha activa por la libertad. Este *continuum* reivindicativo —a la vez estético y político— se extiende desde los himnos religiosos de Harriet Tubman y Nat Turner, pasando por el *Poor Man's Blues* de Bessie Smith y el *Strange Fruit* de Billie Holiday, hasta la *Freedom Suite* de Max Roach, y llega incluso hasta los raps progresistas de los años ochenta.

Por medio de los cánticos religiosos afroamericanos se forjó un lenguaje de lucha que resultaba, al mismo tiempo, tan fácil de entender para los esclavos como sencillo de malinterpretar para los opresores. De este modo, mientras la esclavocracia se empeñaba en imponer una autoridad absoluta sobre la vida individual y comunitaria de los esclavos, las melodías religiosas eran a la vez causa y prueba de una conciencia política autónoma. Estas canciones conformaban un lenguaje complejo que reflejaba y, a su vez, promovía un profundo anhelo de libertad. Cuando los esclavos entonaban los versos «¿Acaso no liberó mi Señor a Daniel, | por qué no iba hacerlo con el resto de los hombres?», se inspiraban en motivos bíblicos que simbolizaban su situación mundana y ponían en palabras el deseo de ser libres un día. Por ejemplo, cuando cantaban la célebre *Samson and Delilah,* aludían de manera simbólica al deseo de ver derrumbarse el opresivo andamiaje de la esclavitud.

> Si de mí dependiera,
> ¡oh Señor, Señor!,
> si de mí dependiera;
> si de mí dependiera,
> echaría abajo todo este edificio.

A menudo, la música religiosa practicada por los esclavos desempeñó diversos papeles, tanto reales como instrumentales, durante la puesta en marcha de los trenes subterráneos y la organización de insurrecciones antiesclavistas. Sin ir más lejos, la letra de la canción *Follow the Drinking Gourd* [*Sigue la Osa Mayor*] proporcionaba literalmente un mapa de una sección del mencionado ferrocarril, mientras que *Steal Away to Jesus* [*Huye hacia Jesús*] era una canción en clave usada para convocar a los participantes en la rebelión orquestada por Nat Turner. En cualquier caso, aun cuando muchas canciones no estuvieran vinculadas a acciones concretas en la lucha por la libertad, siempre sirvieron, epistemológica y psicológicamente, para moldear la conciencia de masas de los negros, avivando en su interior el ardiente deseo de libertad. Como señaló Sidney Finkelstein:

> La lucha antiesclavista era el núcleo de la lucha por la democracia, de modo que los cantos espirituales encarnaban —por medio de su música y su poesía— la afirmación de una irrenunciable exigencia de libertad.[113]

Los cánticos religiosos han influido de forma directa en la música vinculada con otros movimientos populares en diversos momentos de la historia estadounidense. Muchas canciones de los movimientos obrero y pacifista tienen su origen en la música religiosa de los esclavos, al igual que las «canciones libertarias» del Movimiento por los Derechos Civiles proceden, en realidad, de cánticos religiosos cuyas letras se alteraban ligeramente en ciertas ocasiones para reflejar las realidades de esa lucha de forma más concreta.

Incluso el blues, sin ir más lejos, un género tergiversado a menudo como una forma musical supuestamente centrada

113 S. Finkelstein, *How Music Expresses Ideas*, International Press, Nueva York, 1971, p. 118.

en asuntos tan frívolos como el amor sexual, se encuentra estrechamente emparentado con los esfuerzos de los negros por conseguir la libertad. En palabras de James Cone:

> Para mucha gente, las canciones de blues tratan básicamente de sexo o nos hablan de alguna mujer solitaria que añora a su hombre pendenciero. Sin embargo, el blues es en realidad mucho más que eso. Sin duda, el blues habla de sexo y de lo que eso implica para la expresión corporal humana; pero, a un nivel mucho más profundo, [...] el blues expresa el sentir de los negros sobre el absurdo de la vida y sobre el intento de darle un sentido a una condición vital plagada de contradicciones. Como bien señaló nuestra querida tía de Kentucky, Aunt Molly Jackson, «el blues es obra de los currantes [...] que no dan abasto apagando fuegos en sus puestos de trabajo, sufren salarios precarios [...] y no tienen ni la más remota idea de qué hacer o para dónde tirar».[114]

En efecto, Bessie Smith, la denominada «emperatriz del blues», alcanzó la cúspide de su carrera el día en que compuso y grabó una canción titulada *Poor Man's Blues* [*El blues del pobre*], que transmitía un mensaje político inconfundible. Esta canción evocaba la explotación y la manipulación de los trabajadores por parte de los ricos y retrataba a estos como unos parásitos obsesionados con acumular capital y emprender guerras a costa del trabajo de los pobres.

Otro hito en la evolución de la música afroamericana tuvo lugar cuando Billie Holiday incorporó el tema *Strange Fruit* [*Fruto extraño*] —una canción de raigambre política contra los linchamientos a negros— a su repertorio habitual. Y es que,

114 J. Cone, *The Spirituals and the Blues,* Seabury Press, Nueva York, 1972, pp. 115-116.

durante la carrera de la admirada Lady Day, miles de personas se vieron obligadas a hacer frente a las brutales realidades del racismo sureño, que les saltaba a la cara incluso cuando intentaban escapar por un momento de los problemas cotidianos con la ayuda de la música, el alcohol y el ambiente de unos garitos nocturnos anegados de humo. Sin duda, algunos de esos actores acabarían participando activamente en el movimiento contra los linchamientos habituales en aquella época.

Billie Holiday no grabó *Strange Fruit* en 1939 por mera casualidad. Tampoco lo es que la letra de la canción la compusiera el poeta progresista Lewis Allan, implicado en las luchas militantes de los años treinta. Esta década sigue siendo, hasta la fecha, el periodo más emocionante y fecundo en la evolución de la historia cultural estadounidense. Tanto es así que el desarrollo de cualquier movimiento artístico popular maduro en la actualidad ganaría mucho si estudiara a fondo los logros de aquella época. Como señaló Phillip Bonosky en 1959:

> Hay millones de razones por las que la mirada oficial desearía que los años treinta cayeran en el olvido como si nunca hubieran existido. Y es que ese periodo sigue siendo un punto de inflexión en la tradición democrática estadounidense. Se trata de un periodo que seguirá sirviendo, en el presente y en el futuro, de advertencia y ejemplo de cómo un pueblo enardecido, dirigido y espoleado por la clase obrera puede cambiar por completo la estructura cultural de una nación entera.[115]

En consecuencia, los ideólogos burgueses

> tergiversan y borran de la conciencia del pueblo estadounidense —empezando por la de nuestros artistas e intelectuales— el hecho de que

115 Ph. Bonosky, «The Thirties», *Political Affairs*, enero de 1959.

> la creación de una cultura popular fue otrora una realidad en Estados Unidos, inspirada, en gran medida, por la clase obrera y, a menudo, dirigida (e influida notablemente) por el Partido Comunista.[116]

Como respuesta a las acusaciones vertidas contra el Partido Comunista de «menospreciar y vulgarizar el mundo de la cultura», Bonosky argumenta que ningún otro partido político en la historia de nuestro país ha manifestado nunca una preocupación tan seria por el arte. El Partido Comunista participó, por ejemplo, en la convocatoria de un Congreso de Escritores Estadounidenses de 1935, que contó entre sus participantes a autores como Langston Hughes, Theodore Dreiser, Richard Wright y Erskine Caldwell. Así, como resultado de la labor emprendida por el Partido Comunista y otras fuerzas progresistas, los artistas consiguieron el derecho a ejercer su actividad en proyectos auspiciados por la Administración para la Mejora del Trabajo (WPA). Gracias a ello, lo que consiguieron los artistas de la WPA fue un logro sin precedentes en la historia de Estados Unidos: acercar el arte al pueblo a una escala verdaderamente masiva. El arte ya no podía confinarse al ámbito de lo privado, monopolizado por aquellos cuya clase social de partida les daba acceso, sin más miramientos, a las galerías, los museos, los teatros o las salas de conciertos. Por primera vez en nuestra historia, el arte estadounidense se convirtió en un arte para todos los públicos. Esto significaba, por ejemplo, que la gente de clase trabajadora que acudía a una oficina de correos a resolver sus asuntos tenía la oportunidad de apreciar al mismo tiempo los murales allí expuestos. La escultura, la música y el teatro fueron otras disciplinas que se acercaron al pueblo durante

116 *Ibidem.*

aquella época. Además, citando de nuevo a Bonosky, cuando estos programas se vieron amenazados,

> fue el Partido Comunista el que luchó heroicamente por salvar tales proyectos artísticos y, con ellos, por supuesto, la teoría de que el arte debía entregarse al pueblo y encarnarlo por medio de sus proyectos. Por primera vez en la historia de Estados Unidos, artistas y escritores integraron los piquetes en nombre y en defensa del derecho de los artistas a ser precisamente eso: artistas.[117]

El enfoque radical del arte y la cultura defendido por el Partido Comunista y otras fuerzas de izquierda durante la Gran Depresión implicaba algo más que la forja de un arte accesible públicamente a las masas. Gran parte del arte de aquel periodo era un arte popular, en el sentido de que los artistas aprendieron a prestar atención, durante el proceso de elaboración de sus creaciones estéticas, a la vida material y emocional de los trabajadores estadounidenses. Meridel LeSeuer, por ejemplo, exploró las vidas de los trabajadores en su literatura, al tiempo que Woody Guthrie compuso canciones sobre sus vidas y sus luchas. Este arte popular emergente suponía, por tanto, un desafío a la cultura burguesa dominante. Los artistas no solo se sintieron obligados a defender su derecho a comunicar los verdaderos dolores, alegrías y aspiraciones de la clase obrera a través de su arte, sino que muchos de ellos devinieron activistas en las luchas obreras y en la lucha por los derechos de los parados —en especial, de los negros—. Un proceso, por supuesto, durante el que muchos otros artistas siguieron engrosando las filas de estas luchas.

117 *Ibidem.*

La estética burguesa siempre ha intentado situar el arte en un ámbito trascendente, más allá de toda ideología, por encima de las realidades socioeconómicas y, desde luego, alejado de la lucha de clases. Por infinitas vías, el arte se ha representado como el puro producto subjetivo de la creatividad individual. El artículo de Lenin «La organización del Partido y la literatura del Partido», publicado en 1905, rompía con esta visión del arte y promovía el principio del partidismo en el arte y la literatura, una tesis con la que muchos artistas progresistas de los años treinta se mostraron, al menos implícitamente, de acuerdo. En su texto, Lenin dejaba claro que, al insistir en que las creaciones estéticas debían ser partidistas, no estaba defendiendo la dictadura del Partido sobre el arte y la literatura.

> Es indiscutible que la literatura se presta menos que cualquier otra cosa a semejante ecuación mecánica, a la nivelación, al dominio de la mayoría sobre la minoría. Resulta indiscutible asimismo que es absolutamente preciso, en este campo, conceder un lugar más amplio a la iniciativa personal, a las inclinaciones personales, al pensamiento, a la imaginación, a la forma y al contenido.[118]

Sin embargo, señalaba también que la exigencia burguesa de promover un sentido subjetivo y abstracto de libertad en la esfera artística asfixiaba, en realidad, la auténtica libertad creativa. La literatura y el arte, sostenía Lenin, deben ser libres no solo con respecto a la censura policial, sino también a las imposiciones

118 V. I. Lenin, «La organización del Partido y la literatura del Partido», en *Lenin sobre arte y literatura,* M. Lendínez (tr.), Ediciones Júcar, Madrid, 1975.

> del capital, del arribismo y [...] del individualismo anarquista burgués. La literatura y el arte partidistas serán verdaderamente libres, porque fomentarán la libertad de millones de personas.[119]

¿Cuáles son las perspectivas actuales acerca de una mayor expansión de un arte que no teme proclamar su relación partidista con las luchas populares en favor de la igualdad económica, racial y sexual? No solo debemos reconocer y defender el legado cultural que se nos ha transmitido durante decenios, también debemos estar en condiciones de elogiar —a la vista de cualquier indicio, ya sea sutil o evidente— todo avance progresista en las actuales formas artísticas populares. En los últimos años, por ejemplo, películas militantes como *Silkwood* y *Desaparecido* se alzan a modo de faros sobre los valores mediocres, machistas, violentos y, en general, inhumanos que caracterizan la mayoría de los productos de la industria cinematográfica de Hollywood.

Si nos fijamos en otro género artístico, podemos afirmar que algunas de las superestrellas más populares de la música contemporánea son, indiscutiblemente, genios en su campo. Sin embargo, también es cierto que han distorsionado la herencia de la música negra al desarrollar sus formas de un modo que, por brillante que sea, ignora su trasfondo de lucha y emancipación. Pese a todo, la música negra de la actualidad brilla gracias a las obras de artistas como Stevie Wonder o Gil Scott-Heron, que han sabido ponderar el legado de la música negra tanto en la forma como en el contenido. Las creaciones individuales de estos músicos han despertado en su público un verdadero sentido de dignidad y libertad humanas.

119 *Ibidem.*

La canción *Happy Birthday,* de Stevie Wonder, llegó al corazón de cientos de miles de jóvenes y los movilizó en apoyo del movimiento que aspiraba a convertir el aniversario del nacimiento de Martin Luther King en un día festivo a nivel nacional. Que Reagan se viera obligado a firmar el proyecto de ley que promulgaba dicha iniciativa, a pesar de su manifiesta oposición a la misma, demostró que el sentimiento del pueblo era capaz de vencer al racismo oficial más intransigente que nuestro país había conocido en muchos años.

Por su parte, el tema inmensamente popular de Gil Scott-Heron titulado *B-Movie,* lanzado poco después de que Reagan fuera elegido para su primer mandato, espoleó con fuerza el rechazo al nuevo presidente entre los jóvenes negros. Esta suerte de canción-poema exponía de manera fehaciente el empeño de los voceros de Reagan por convencernos de que este había recibido un supuesto «encargo» del pueblo.

> Lo primero que me gustaría decir es: «encargo»
> mis narices.
> Y es que casi pareciera que nos hayan convencido
> de que el 26% de los votantes registrados,
> ni siquiera el 26% del pueblo estadounidense
> basta ya para que hablen de un encargo o una victoria aplastante [...]
> ¡Ay, sí! Pero yo me acuerdo [...]
> Recuerdo bien lo que dije sobre Reagan.
> Que actuaba como un actor (zumbado) hollywoodiense.
> Que actuaba como un liberal.
> Que actuaba como si fuera el general Franco.
> Lo dije cuando actuaba como gobernador de California
> y cuando luego actuó como republicano
> y cuando luego actuó como si la gente
> tuviera que votarle para presidente.

Al igual que ahora actúa como si el 26% de los votantes registrados
fuera suficiente para hablar de un encargo.
En el fondo, todos jugamos a ser actores en esta película.

El álbum de Bruce Springsteen *Born in the USA* recibió los elogios de Reagan, que alabó «el mensaje de esperanza presente en las canciones [...] de aquel hijo de Nueva Jersey» durante su campaña para las elecciones presidenciales de 1984 en dicho estado. Con todo, lo más probable es que los asesores de Reagan sencillamente dieran por sentado que la portada roja, blanca y azul del disco de Springsteen encarnaba el éxito del patrioterismo chabacano promovido por la administración Reagan. No en vano, apenas dos días después del comentario de Reagan, Springsteen lanzó una canción titulada *Johnny 99,* sobre la que sentenció: «Me temo que el presidente no ha escuchado esta», y cuya letra narraba los apuros de un obrero que, tras perder su antiguo empleo en la industria automotriz, se siente desesperado y agobiado por las deudas, hasta el punto de terminar en el corredor de la muerte por haberse cobrado una vida durante un robo. Otra de sus canciones, *My Hometown,* nos habla de la devastación provocada por el cierre de las fábricas:

Ahora contemplo las ventanas tapiadas y las tiendas desiertas
de la calle principal.
Da la impresión de que ya nadie quiere
acercarse por aquí.
Están chapando la factoría textil al otro lado
de las vías del tren.
El capataz dice: chicos, esos curros se nos van
y nunca regresarán
a vuestra ciudad.

En los últimos tiempos, un nuevo género musical que hunde sus raíces en la antigua tradición basada en contar historias se abre paso entre los jóvenes. Me refiero al rap, que refleja sin tapujos la vida cotidiana de la clase trabajadora, en especial de la juventud urbana afroamericana y latina. Muchas canciones de rap parten de una conciencia progresista acerca de los asuntos políticos actuales, como lo demuestran, por ejemplo, las siguientes rimas de Grand Master Flash y Melle Mel, que pedían a los jóvenes sumarse a la campaña del reverendo Jesse Jackson para las elecciones presidenciales de 1984:

> ¡Oh, preciosa [América] con tus amplios cielos
> y tus olas ambarinas de inconfesables mentiras!
> Mira a todos los políticos cómo se arremangan
> sin que puedan evitar parecerse a la mafia.
> Pilla una buena tajada, pega un buen palo,
> vigila al FBI, mira con lupa a la CIA.
> Quieren un misil más tocho y un caza más rápido
> pero luego bien que pasan de contratar veteranos.
> Los hipócritas y los que van de tío Tom dicen gilipolleces.
> ¡Hablemos de Jesse!
> Dicen que Libertad y Justicia son asunto del pasado.
> ¡Hablemos de Jesse!
> Quieren una nación más fuerte cueste lo que cueste.
> ¡Hablemos de Jesse!
> Aunque eso signifique que todo se irá al garete.
> ¡Hablemos de Jesse!
> Él empezó desde abajo y ahora está en la cima.
> ¡Hablemos de Jesse!
> Se ha demostrado capaz, así que no le des vueltas;
> ahora hagamos piña y dejemos ver al mundo
> cómo nuestro hermano Jesse pasa a la historia.

Así que vota, vota, vota,
que todo el mundo se ponga en pie y lo vote.

Los jóvenes son cada vez más conscientes de la necesidad de oponerse a la actual escalada nuclear y armamentística. Una estrofa de rap muy difundida gracias a la película *Beat Street,* producida por Harry Belafonte, contiene la siguiente advertencia:

Un periódico arde sobre la arena
y los titulares rezan «tío, qué historia más chunga».
¡Extra, extra! Lea todas las malas noticias
sobre la guerra o la paz
que todo dios perdería.
El auge y la caída del último gran imperio,
el fragor del mundo entero en llamas,
la lucha despiadada, la apuesta desesperada,
los jueguecitos que hicieron el mundo añicos,
las trampas, las mentiras, las coartadas
y el insensato intento de conquistar los cielos
perdidos en el espacio y sin aprecio por nada.
El presidente se ha olvidado de la tierra
gastando cada vez más millonadas, incluso billonadas,
porque todas esas armas nos cuestan una burrada [...]
Una lucha por el mando, una lluvia nuclear,
el clamor del pueblo en su hora más oscura,
sus visiones aplacadas, sus voces desatendidas,
y a fin de cuentas la bomba tiene la última palabra [...]
Nos tocará sufrir cuando el panorama se ponga más difícil
y por esa razón habrá que ser más fuertes,
así que aprende del pasado y trabaja pensando en el futuro,
no dejes que te esclavice ningún ordenador

pues es el hijo del hombre quien hereda la tierra
y el futuro del mundo lo tienes en tus manos.

Aunque podrían proponerse numerosos ejemplos de tendencias progresistas en la música popular de nuestros días, estaríamos malinterpretando de manera grosera la escena musical contemporánea si afirmáramos que temas como los anteriores son el paradigma de cuanto escuchan los jóvenes en la radio hoy en día. En general, la música popular que les llega ha sido antes rigurosamente moldeada por las exigencias del mercado capitalista, que mide sus productos en función del potencial lucrativo. Así, aunque a veces los mensajes progresistas consiguen colarse en esta red de producción capitalista, en general la cultura musical que dicha industria promueve fomenta la cosificación machista, el individualismo más nefasto y, a menudo, valores violentos, sexistas y contrarios a la clase obrera. Muchos músicos talentosos acaban desperdiciando su potencial artístico al obcecarse en crear una música acorde con lo que el mercado considera vendible. En su teoría de la plusvalía, Marx dijo que «la producción capitalista es hostil a ciertas ramas de la producción espiritual, en especial, a la poesía y el arte».[120]

A la vista de lo anterior, no cabe esperar que el arte popular de masas exprese temas progresistas más fuertes y eficaces sin el desarrollo previo de un movimiento artístico afín, tanto filosófica como organizativamente, a las luchas populares. En los últimos años, la necesidad de un arte político consciente resulta cada vez más evidente. En este sentido, no debe subestimarse la importancia del Museo de la Paz de Chicago, por ejemplo. Como tampoco debe despreciarse el *Manifiesto de los artistas*

120 K. Marx y F. Engels, *Sobre arte y literatura,* V. Bozal (tr.), Ciencia Nueva, Madrid, 1968.

contra la intervención en Centroamérica. Este proyecto movilizador, que extendió su influjo hasta en veinticinco ciudades de todo el país, surgió como respuesta a un llamamiento anterior de la Asociación Sandinista de Trabajadores de la Cultura:

> Hagamos que pase a la historia de la humanidad cómo un buen día del siglo XX, ante la gigantesca agresión que estaba a punto de sufrir Nicaragua, uno de los países más pequeños del mundo, los artistas e intelectuales de distintas nacionalidades y generaciones izaron con nosotros la bandera de la fraternidad con el fin de evitar nuestra total destrucción.[121]

Solo en San Francisco, más de doscientos artistas participaron en tres grandes exposiciones bajo esta iniciativa. Los fondos recaudados a lo largo y ancho del país por ese movimiento se donaron a entidades como la Asociación de Trabajadores de la Cultura de Nicaragua, la Universidad de El Salvador, un sindicato salvadoreño o el colectivo de refugiados guatemaltecos. Otro movimiento de artistas solidarios con la situación de Centroamérica que vio la luz en torno a la bahía de San Francisco se presentó con el nombre de PLACA, que alude al acto de dejar tras de sí una huella o una marca. Desde esta perspectiva, los artistas implicados cubrieron una calle con pinturas murales dedicadas al rechazo a la intervención estadounidense en Centroamérica. En su manifiesto, este grupo de artistas y muralistas proclamaba:

> Los miembros de PLACA rechazan por completo las políticas practicadas por el actual Gobierno, que han traído consigo muertes, guerra y

121 *Artists Call Against Intervention in Central America* [*Manifiesto de los artistas contra la intervención en Centroamérica*] (panfleto publicado en San Francisco en 1984).

desesperación, al tiempo que amenazan con cobrarse más y más vidas. Por medio de nuestra iniciativa, pretendemos expresar, en términos visuales y ambientales, nuestra solidaridad y nuestro respeto para con el pueblo centroamericano.[122]

De forma similar al caso del *Manifiesto de los artistas,* un movimiento cultural construido en oposición al respaldo estadounidense de las políticas racistas y fascistas practicadas por el Gobierno sudafricano, declaró octubre de 1984 «mes del arte contra el *apartheid*». En Nueva York, así como en otras ciudades del país, se celebraron exposiciones y eventos culturales que defendían la participación en la campaña destinada a liberar a Nelson Mandela y al resto de presos políticos de Sudáfrica y Namibia. Asimismo, en el Instituto de Arte de San Francisco, un grupo de artistas vinculados a la iniciativa Arte contra el Apartheid organizó, en la primavera de 1985, un festival de un mes de duración en solidaridad con el pueblo sudafricano.

Al hilo de estos ejemplos, uno de los proyectos culturales progresistas más apasionantes que han visto la luz en los últimos tiempos corresponde a un movimiento construido en torno al canto, responsable de tender puentes musicales entre el movimiento obrero, el colectivo afroamericano, las luchas solidarias con Centroamérica y Sudáfrica, y el pacifismo. En su seno, grupos musicales tan comprometidos políticamente como Sweet Honey in the Rock, Holly Near y Casselberry-Dupreé han sabido trasladar la aguda conciencia de estas luchas al marco del feminismo. Sin ir más lejos, Bernice Johnson Reagon, integrante de Sweet Honey in the Rock, se ha prodigado en numerosos artículos y discursos con el fin de apelar

122 «Colectivo Muralista PLACA: Declaración general» (incluido en el folleto publicado por PLACA en San Francisco en 1985).

a los amantes de la música creada por mujeres y pedirles su apoyo para las luchas de la clase obrera, los movimientos antirracistas o la búsqueda de la paz y la solidaridad. Cualquiera que se aproxime a las canciones de Sweet Honey puede dar fe de que estas promueven —de un modo eficaz y conmovedor— tales políticas cooperativas. Así, en la canción *More Than a Paycheck* [*Algo más que un sueldo*] se abordan los peligros laborales relacionados con nuestra salud —asbestosis, silicosis, neumoconiosis o la llamada enfermedad del pulmón pardo [bisinosis]—. En otros de sus temas, Sweet Honey evoca a la lideresa por los derechos civiles Fannie Lou Hamer y al activista sudafricano asesinado Steven Biko, así como a los inmigrantes mexicanos que sufren en sus carnes las represivas leyes migratorias de Estados Unidos. Un tema recurrente en la música de esta banda es el deseo de que todas las personas del mundo unamos nuestras fuerzas para evitar el estallido de una guerra nuclear.

Por su parte, el festival anual de mujeres músicas Sisterfire (en el que Sweet Honey in the Rock ha desempeñado un papel destacado), intenta promover nuevas formas de coalición política a través de diversos vectores culturales. En uno de sus manifiestos, las organizadoras del festival Sisterfire describen el proyecto como «un espaldarazo a la totalidad de mujeres, trabajadores, minorías y personas pobres que no dan un paso atrás en su lucha contra unos sistemas políticos y económicos deshumanizadores.[123] Y añaden:

> La cultura, en su sentido más válido, supone la expresión de cierto carácter masivo o popular. Por ese mismo motivo, no debemos permitir

123 *Sisterfire: Statement of Purpose* [*Sisterfire: declaración de intenciones*], panfleto publicado por Sisterfire en Washington D. C. en 1982.

> que un hatajo de elitistas se arrogue el privilegio de definirla y perpetuara en beneficio de unos pocos. La cultura debe, imperativamente, reflejar y encaminar el empeño de la humanidad por vivir en armonía consigo misma y con la naturaleza. [...] Nuestro deseo es ayudar a tender puentes entre el movimiento feminista y otros muchos movimientos que abogan por un cambio social progresista. Sabemos que jugamos con fuego, pero tan solo aspiramos a dar rienda suelta a todo ese derroche de energía creativa, irredenta y desbordante que lleváis dentro.[124]

Por su parte, Holly Near, implicada durante muchos años en el movimiento feminista de la industria musical y en otras muchas luchas de carácter popular, sigue animando a los músicos a abandonar la parcialidad de sus inquietudes sociales y políticas con el fin de promover la justicia para las mujeres y los hombres de todas las razas y nacionalidades. En 1984, Near puso en marcha, en compañía de Ronnie Gilbert, la gira «Dump Reagan» [«Bota a Reagan»], que llevó a estas dos artistas a cantar delante de más de veinticinco mil personas en veinticinco ciudades distintas de nuestro país. Otra medida ejemplar en este esfuerzo del movimiento musical feminista por recabar apoyos fue la canción compuesta por Betsy Rose para la campaña a la alcaldía de Boston del activista negro Mel King, titulada *We May Have Come Here on Different Ships, but We're in the Same Boat Now* [*Tal vez hayamos llegado aquí en barcos diferentes, pero ahora estamos todos en el mismo barco*].

En el desarrollo de este movimiento musical, las corrientes comunistas han desempeñado un papel destacado. Así, la banda Ad Hoc Singers, por ejemplo, formada durante la campaña de las elecciones presidenciales de 1980, ha aportado al movimiento canciones que refuerzan la conciencia de

124 *Ibidem.*

clase de quienes las escuchan. El tema *People Before Profits* [*Las personas antes que los beneficios*], presentado durante la primera campaña emprendida contra Reagan, es prácticamente un himno de las luchas populares. Con todo, el valor quizá más importante del grupo Ad Hoc Singers es que aporta una dimensión especial al movimiento gracias a su amplia experiencia e implicación en todas estas luchas.

De hecho, si está en nuestra mano anticipar una mayor expansión de la cultura popular en los tiempos que corren, dicha ampliación estará ligada a la profundización y la creciente influencia de los movimientos de masas. El arte progresista y revolucionario resulta inconcebible fuera del contexto de los movimientos políticos que promueven cambios radicales. Del mismo modo que la Revolución rusa, la Revolución cubana y, más recientemente, las Revoluciones sandinista y granadina trajeron consigo formas artísticas audaces e innovadoras, podemos estar seguros de que, si cumplimos con el cometido que hoy se nos ofrece —fortalecer y unir los distintos movimientos de masas de la actualidad—, nuestra vida cultural florecerá también. Por consiguiente, los trabajadores del mundo de la cultura no solo debemos asumir la tarea de crear un arte progresista, sino también la de participar activamente en la organización de los movimientos políticos populares. En este sentido, una armonía ejemplar entre arte y lucha política constituye la médula de la revista *Freedomways*, publicación que no solo sirve de vehículo para la difusión de la literatura negra progresista, sino que participa también de lleno en las luchas políticas de los afroamericanos y sus aliados.

Si los trabajadores culturales comenzamos a emplear, cada vez más, nuestro talento para despertar y sensibilizar la conciencia popular sobre la necesidad de plantar cara en masa a los ultraderechistas, aumentarán enormemente las posibilidades de consolidar aún más el proyecto antimonopolista, uniendo en su seno a obreros, afroamericanos, mujeres y pacifistas por igual. Y, a medida que el citado movimiento vaya obteniendo victorias, los artistas del momento se nutrirán de esa energía creativa, facilitando con ello el surgimiento de nuevos artistas. Si somos capaces de prender la mecha de semejante dinámica, empezaremos a avanzar con paso firme hacia la emancipación económica, racial y sexual —esto es, hacia el objetivo del socialismo por antonomasia— y podremos contemplar un futuro pacífico, libre de las amenazas de una guerra nuclear.

SUBEXPOSICIÓN: EL PUEBLO AFROAMERICANO Y LA HISTORIA DE LA FOTOGRAFÍA[125]

En 1969, el Museo Metropolitano de Arte de Nueva York inauguró una exposición titulada «*Harlem on My Mind:* Capital Cultural de la América Negra, 1900-1968». En palabras del comisario Allon Schoener, la exposición

> aspiraba a ofrecer una de las muestras más importantes [...] jamás presentadas en un museo de arte en el siglo xx, pues tenía como objetivo redefinir el papel y la responsabilidad de los museos, al igual que su público o el tipo de propuestas que podían albergar.[126]

Pese a estas declaraciones, los activistas de la comunidad negra convocaron una manifestación con motivo de la inauguración de la muestra. Entre los manifestantes se encontraba

125 Artículo publicado originalmente con el título «Photography and Afro-American History» [«Fotografía e Historia afroamericana»] e incluido en V. H. Coar, *A Century of Black American Photographers, 1840-1960,* Escuela de Diseño de Rhode Island, Providence, 1983, como acompañamiento para la exposición epónima celebrada en el museo de arte de dicha escuela, que tuvo lugar entre el 31 de marzo y el 8 de mayo de 1983.

126 A. Schoener (ed.), *Harlem on My Mind: Cultural Capital of Black America 1900-1968,* Dell, Nueva York, 1979, p. 11.

Roy DeCarava, uno de los fotógrafos afroamericanos más destacados de su generación, que cuestionó sin tapujos los supuestos méritos de «*Harlem on My Mind*».

> A juzgar por el montaje que se ha dado al evento, salta a la vista que Schoener y compañía no sienten ningún respeto ni albergan el más mínimo interés por la fotografía —como tampoco, dicho sea de paso, por el resto de medios expuestos en la muestra—. Además, me temo que no quieren demasiado a Harlem ni saben gran cosa de él, de los negros o nuestra historia.[127]

La polémica desatada por esta exposición —que, a todas luces, supuso un sincero intento de romper las dinámicas racistas típicas del *establishment* artístico estadounidense— mostró las costuras más profundas del racismo, que afloran incluso en percepciones e ideas culturales aparentemente progresistas.

Aunque fuera posible calificar «*Harlem on My Mind*» —aludiendo con ello tanto a la exposición en sí como a la monografía que se publicó más tarde— de éxito rotundo, ni siquiera en ese caso advertiríamos un cambio en la flagrante escasez de imágenes procedentes del mundo afroamericano dentro de la historia oficial de la fotografía. De hecho, si bien ha habido excepciones importantes —como, por ejemplo, los registros fotográficos capturados por Frances Benjamin Johnston para el Instituto Hampton a comienzos de este siglo, o el fotoensayo de W. Eugene Smith publicado en la revista *Life* en 1951 bajo el título «La partera»—, estos «ventanucos» a la vida de los negros respondían a la visión

127 A. D. Coleman, *Light Readings*, Oxford University Press, Nueva York, 1979, p. 27.

de artistas blancos, necesariamente ajenos a la cultura que intentaban capturar con la ayuda de sus cámaras. Por desgracia, desde los inicios de la fotografía hasta el día de hoy, los fotógrafos negros han sido condenados a la invisibilidad de forma sistemática y forzosa. En palabras del crítico fotográfico A. D. Coleman, «uno de los escasos aciertos de *"Harlem on My Mind"* consistió en despertar el interés de crítica y público por igual en torno a la obra de James Van Der Zee».[128] De hecho, el mencionado artista, con Gordon Parks y Roy DeCarava (quien, por cierto, se negó a participar en la exposición), forma parte de las escasas figuras cuyos nombres han empezado por fin a ser reconocibles. Sin embargo, ni uno solo de ellos —para ser precisa, ni un solo fotógrafo afroamericano— ha sido incluido en la antología oficial sobre este medio artístico publicada más recientemente en Estados Unidos.[129] De ahí el carácter trascendental que reviste la omisión de once largas décadas de fotografía negra.

No faltará quien se asombre al descubrir que los negros comenzaron su andadura en el campo fotográfico poco tiempo después de que se inventara el daguerrotipo. Jules Lion, que conoció el manejo de esta técnica en Francia, tal vez la introdujo más tarde en Nueva Orleans. Comoquiera que sea, ¿cuántos eminentes científicos, eruditos y artistas de raza negra han sido desterrados de los libros de historia sin mayor excusa que su origen racial (para acabar revelándose, con una demora vergonzosa, como figuras destacadas de sus disciplinas)? Nombres como Jules Lion, Robert Duncanson y J. P. Ball no deberían resultarnos hoy tan extraños. De hecho,

128 *Ibidem*, p. 16.

129 B. Newhall, *The History of Photography*, The Museum of Modern Art, Nueva York, 1982; hay edición española: *Historia de la fotografía*, H. Alsina Thevenet (tr.), Gustavo Gili, Barcelona, 2001.

habría que celebrarlos como ejemplos de un talento que sus coetáneos —al menos, los entendidos— debieron reconocer desde el primer momento. Y es que, en realidad, hubo fotógrafos negros desde el primer momento. Es cierto que, al principio, solo eran unos pocos, ya que la esclavitud prohibió históricamente la práctica de cualquier forma abierta de creación estética; tan solo la música, todavía incomprendida —al igual que sucedía en tiempos del esclavismo—, logró despuntar un poco. Pero ¿qué hay del potencial artístico de esos millones de esclavos que fue desaprovechado? ¿Cómo imaginar la cantidad de adelantos que los fotógrafos negros habrían traído a nuestro mundo si hubieran gozado de unas circunstancias socioeconómicas más favorables?

Hagámonos tal vez una pregunta menos especulativa: ¿cuál fue la postura de esos primeros fotógrafos negros ante el sufrimiento colectivo de los afroamericanos? W. E. B. DuBois señaló que

> el amor innato por la armonía y la belleza, [...] que hizo gozar de lo lindo hasta a las almas más rudas del pueblo estadounidense, no suscitó más que confusión y dudas en el caso de los artistas negros, pues esa belleza que tenían ante sus ojos brotaba de un alma que el público mayoritario despreciaba; y, lo que es peor, tampoco estaba en la mano de aquellos artistas transmitir un mensaje de prestado.[130]

¿Sería esta la razón por la que las obras y la trayectoria de esos pioneros negros nos parecen, a veces, completamente ciegas a las situaciones y las aspiraciones de la gran mayoría

130 W. E. B. DuBois, *The Souls of Black Folk,* New American Library, Nueva York, 1969, pp. 46-47; hay edición española: *Las almas del pueblo negro,* H. Arnau (tr.), Capitán Swing, Madrid, 2020.

de afroamericanos? ¿Dónde cabe hallar, en las obras del daguerrotipista Jules Lion, el poderoso anhelo de emancipación de la población negra? ¿Las imágenes que estos fotógrafos tomaron de sus contemporáneos (y de sus descendientes) nos dan testimonio, de modo palpable, de los sueños comunes de un pueblo esclavizado, cuyas canciones y luchas colectivas giraban en torno a la liberación? Si nos vemos obligados a responder sin reservas a estos interrogantes de forma negativa, se debe, sin duda, a la presión ejercida por el «público más amplio» al que alude DuBois. Pues a los negros —la inmensa mayoría de los cuales eran esclavos hasta 1863— sencillamente no se los consideraba sujetos relevantes para el arte visual digno de su nombre. De hecho, esta idea era tan válida para los pintores, escultores y fotógrafos afroamericanos como para sus contemporáneos blancos.

La escasez de rasgos identitarios negros en los trabajos de los primeros fotógrafos afroamericanos no debe, por ello, malinterpretarse, pues no supone un permiso para restar importancia al problema que plantea la relación de dichos artistas con la experiencia colectiva de su raza. Con independencia del modo particular que cada uno eligiera para abordar —o ignorar— la política racial de su época, resulta verosímil pensar que estos fotógrafos se vieron influidos por la situación histórica que atravesaban. Sin ir más lejos, la década que culmina con la invención del daguerrotipo perturbó profundamente la vida de la comunidad negra y la de sus allegados blancos. En este periodo tuvo lugar, por ejemplo, la impresionante revuelta de esclavos liderada por Nat Turner en 1831, así como la conferencia inaugural, dos años más tarde, de la Sociedad Antiesclavista Americana. En 1837, nuestra historia asistió también a la aparición de algunos mártires blancos, como el abolicionista Elijah P. Lovejoy, un periodista que fue cruelmente asesinado por una turba racista en Illinois. Tan solo un año después se produjo una fuga trascendental, llevada a cabo por un antiguo esclavo que sería rebautizado como Frederick Douglass, elocuente orador y poderoso líder abolicionista. Aquel fue también el año en que el militante antiesclavista negro Robert Purvis instauró formalmente el proyecto conocido como Ferrocarril Subterráneo.

Aunque aquella fue una época en que la búsqueda de la emancipación por parte de los negros se estableció como una de las preocupaciones sociales dominantes de nuestra nación, también fue un periodo de vibrantes y prolíficas expresiones artísticas vinculadas a la causa antiesclavista. Así, mientras George Mose Horton publicaba sus *Poemas de un esclavo,* también vieron la luz los *Poemas sobre la esclavitud* de Longfellow. Y aunque, al parecer, se trató de un caso excepcional, otro artista plástico afroamericano, el grabador y litógrafo Patrick Reason, consagró gran parte de su obra a plasmar la causa abolicionista. «Reason se expresó con vehemencia contra la esclavitud, dedicando buena parte de su tiempo a ilustrar novelas abolicionistas».[131] Su retrato de Henry Bibb, autor de uno de los relatos esclavistas más célebres de la época, reflejaba cierta determinación por anclar la obra de los artistas visuales negros —al igual que la literatura y las creaciones musicales (todavía infravaloradas) de su gente— a las luchas históricas de esta raza en pos de la liberación.

Es una enorme desgracia que las premisas racistas del arte «americano» excluyeran de antemano prácticamente a todos los esclavos negros como sujeto en potencia para el arte visual serio, pues sus vidas y andanzas ofrecían material de sobra

131 D. C. Driskell, *Two Centuries of Black American Art,* Alfred A. Knopf, Museo de Arte del Condado de Los Ángeles (LACMA), Nueva York, 1976, p. 36.

para inspirar al artista y permitirle moldear obras tan emocionantes como novedosas. Pensemos, por ejemplo, en el fascinante caso de Henry «Box» Brown,[132] el esclavo que escapó a su suerte escondido en una caja que fue enviada luego al norte del país por los operarios del Ferrocarril Subterráneo. Por no hablar de la dramática fuga de William y Ellen Craft en 1849: en concreto, esta última consiguió hacerse pasar, vistiéndose de hombre blanco, por el amo de su marido. Gracias a esta artimaña, la pareja pudo viajar sin trabas desde Georgia hasta la ciudad libre de Philadelphia. Por su parte, aunque la huida de Harriet Tubman ese mismo año no fuera especialmente dramática, sí tuvo un impacto histórico, pues esta osada mujer —llamada a convertirse en la Moisés de su pueblo— ayudó a otros muchos a seguir sus pasos hacia la libertad.

El fotógrafo afroamericano J. P. Ball desarrolló su actividad durante la década de 1850. Una se siente tentada a especular en qué medida este hombre y otros coetáneos se sintieron conmovidos por las proezas de heroínas como Harriet Tubman. Aunque las respuestas a este tipo de preguntas exigen disponer de estudios históricos más exhaustivos, está claro que, en la década de 1850, la esclavitud era un tema que ocupaba el centro del debate nacional. Había pasado a ser una cuestión que nadie, fuera blanco o negro —y especialmente las personas instruidas y los intelectuales—, podía seguir ignorando. De hecho, una de las obras literarias más populares de la época era *La cabaña del tío Tom,* la novela antiesclavista escrita por Harriet Beecher Stowe. La celebridad de la obra de Stowe era una prueba irrefutable del destacado

132 Literalmente, Henry «el de la caja» Brown. *(N. del T.).*
Cfr. H. Brown, *Narración de la vida de Henry Box Brown: de su puño y letra,* Libros de la Ballena, Madrid, 2024. *(N. del E.).*

papel que desempeñaba la literatura en la defensa de la causa abolicionista. Sin embargo, lo cierto es que la obra también fue responsable de difundir actitudes sociales hacia los negros que contradecían sus buenas intenciones progresistas y antiesclavistas. Porque, al tiempo que fomentaba el derecho de los negros a ser libres, blanqueaba y consolidaba entre la gente de a pie ideas estereotipadas de inferioridad racial. De hecho, los recursos empleados por la novela de Stowe para suscitar un rechazo masivo hacia la esclavitud también proporcionaron —aunque fuera sin querer— las armas utilizadas para afianzar el racismo en términos literarios.

La cabaña del tío Tom permitió —no por sí sola, pero sí en buena medida— la difusión cada vez más habitual de imágenes y actitudes racistas en la vida cultural de nuestro país. Pensemos, por un instante, en una escena de 1883 titulada «El tío Tom y la pequeña Eva», que nos muestra a un hombre negro de gran envergadura (aunque claramente desamparado) que mira con los ojos como platos a una niña blanca de rostro angelical en busca de luz y consejo. Esta estampa, que contiene los estereotipos típicos de Stowe en su forma más pura, no es obra de un ingenuo artista blanco, como cabría pensar en un primer momento. En realidad, era obra del afroamericano Robert Scott Duncanson. Y Duncanson no fue el único artista que dio rienda suelta a su inspiración proyectando imágenes como esta, involuntariamente nocivas para su pueblo. De hecho, el colectivo afroamericano también había normalizado los medios responsables de fomentar las distorsiones racistas presentes en el dibujo de Stowe, ya que, por aquel entonces, la narrativa esclavista se había convertido en un género literario bien establecido. Así, Solomon Northrup y Frederick Douglass, sin ir más lejos, habían publicado de primera mano sendos relatos acerca de sus vidas, desdichas y esperanzas en tiempos de la llamada «peculiar institución». Entre las pujantes creaciones literarias de los ciudadanos negros de mediados de siglo, se encontraban las obras de William Wells Brown, quien se convirtió, con la publicación de su extenso relato sobre la esclavitud, en el primer novelista y dramaturgo afroamericano de nuestra historia. Entre los poetas de mediados de siglo, la obra de Frances E. W. Harper estaba destinada a recibir los elogios del público. Aunque había nacido «libre», la poeta dedicó sus versos más brillantes y célebres a las justas luchas de su esclavizado pueblo: poemas, por ejemplo, como «La subasta de esclavos» o «Enterradme en suelo libre». Tal era el floreciente y (a menudo) militante contexto literario en el que los fotógrafos negros de mediados de siglo —conscientemente o no— practicaban su poderoso oficio. Al igual que sus colegas que empuñaron la pluma, estos artistas visuales poseían la capacidad de empuñar la cámara para plasmar imágenes creativas y rotundas de su gente.

> Entonces fue acercándose lentamente la emancipación. Hordas y legiones de yanquis desconocidos, inescrutables, insondables, rodeados de crueles rumores en torno a un renovado comercio de esclavos. Pero despacio, de manera continua, se fue abriendo paso una verdad salvaje, una verdad amarga, una verdad mágica.
>
> ¡Se avecinaba una nueva libertad! [...] Rezaron, trabajaron, bailaron y cantaron. Se pusieron a estudiar. Querían conocer mundo.[133]

Un buen día, la esclavitud quedó al fin proscrita de la historia. Pero, aunque los negros notaron sensiblemente la ruptura

133 W. E. B. DuBois, *Black Reconstruction in America,* Meridian Books, Nueva York, 1964, p. 122.

de sus cadenas, pronto se dieron cuenta de que no por ello habían alcanzado ya el objetivo común de su emancipación. Así, cuando poco después, durante los años de la llamada Reconstrucción Radical, se les hizo una nueva promesa, esta se fue al traste de golpe y porrazo con el Compromiso entre Hayes y Tilden de 1877, que inauguró un periodo de racismo rampante. Al amparo de la ley se impuso de nuevo la segregación en el sur del país, y los colectivos de antiguos esclavos vieron vulnerados sus derechos de forma sistemática. La violencia de las turbas y los linchamientos se cobraron incontables vidas, mientras que el terrorismo racista y otras muchas tácticas intimidatorias se convirtieron en recurso cotidiano para los funcionarios y hacendados blancos en su trato con los campesinos y trabajadores negros sureños. Solo en 1890, por ejemplo, se produjeron ochenta y cinco linchamientos, cifra que aumentó hasta ciento doce en 1891 y ciento sesenta en 1892. A medida que fueron transcurriendo los últimos años del siglo, la violencia de esa oleada no dejó de aumentar.

Este es el trasfondo sociohistórico sobre el que evolucionaron las vidas y las trayectorias de artistas fotográficos como Harry Shephard y Hamilton S. Smith. Y yo me pregunto: a la hora de trabajar con sus cámaras, elegir sus temas o revelar sus imágenes, ¿cómo afectaron a estos fotógrafos la violencia visceral de estas hordas racistas, las masacres de negros calificadas entonces, eufemísticamente, de «disturbios raciales»? ¿Influyó de algún modo en sus imágenes el hecho de saber que millares de cadáveres negros colgaban de los árboles o ardían en la hoguera? El literato Charles Chesnutt, que fue su contemporáneo, publicó una novela en 1901 titulada *The Marrow of Tradition,* basada directamente en la masacre vivida en Wilmington, Carolina del Norte, en 1898. ¿Siguió el ejemplo de Chesnutt algún fotógrafo afroamericano?

A principios del siglo xx, la fotografía había alcanzado, tanto en Estados Unidos como en Europa, su madurez histórica. Mathew Brady ya había fotografiado nuestra guerra civil, y Timothy H. O'Sullivan había peinado el Oeste para fotografiar sus zonas más recónditas. Millones de retratos humanos habían quedado grabados sobre papel de película. De acuerdo con el censo oficial, al menos doscientos cuarenta y siete afroamericanos eran fotógrafos profesionales en 1900. Por supuesto, cabe suponer que la inmensa mayoría concentrara su trabajo en retratos de estudio; sin embargo, al igual que James Van Der Zee, otros muchos como él debieron de aventurarse a inmortalizar escenas callejeras, desfiles, mítines políticos o cualquier otro suceso que tuviera lugar en su mundo cercano. En este sentido, A. D. Coleman apunta que, durante la mayor parte de su carrera, Van Der Zee

> ignoró por completo lo que estaba ocurriendo con el medio fotográfico, incluido lo que ocurría con los fotógrafos negros; nombres como Steichen, Stieglitz, Hine y Van Vechten no le decían nada en absoluto.[134]

Pero ¿era de verdad imprescindible estar familiarizado, por ejemplo, con las imágenes de Jacob Riis acerca de los pobres y su entorno social para poder emprender la documentación fotográfica de los oprimidos? ¿Realmente era necesario que los fotógrafos negros se fijaran en sus homólogos blancos para darse cuenta del potencial social de la fotografía, de su capacidad para promover cambios progresistas?

En línea con las preguntas formuladas más arriba, digamos algo más: ¿alguno de los fotógrafos negros de comienzos

134 Coleman [1979:17].

de siglo se propuso registrar el racismo imperante y devastador de aquellos años? ¿Cómo abordaron los fotógrafos negros los disturbios raciales de 1906 ocurridos en Springfield (Ohio) y en Atlanta (Georgia), por no hablar de las sonadas agresiones contra soldados negros ocurridas en Brownsville (Texas) ese mismo año? ¿Les planteó algún desafío estético el linchamiento de Jesse Washington en 1916 y su posterior muerte en la hoguera, ocurrida en Waco (Texas) ante una multitud enfervorizada de quince mil blancos entre los que había hombres, mujeres e incluso niños? La exposición *«Harlem on My Mind»* incluía una fotografía correspondiente a una manifestación en Harlem en protesta por los disturbios raciales de 1917 registrados en el este de San Luis. ¿Cuántas imágenes más nos quedan por descubrir que den cuenta del brote de violencia (y sus formas de rechazo) vivido en 1917, o del aciago Verano Rojo de 1919?

Con el auge de la industria cinematográfica durante las primeras décadas del siglo XX, los estereotipos racistas empezaron a quedar plasmados de forma definitiva, un proceso que ilustra a la perfección *El nacimiento de una nación,* el largometraje de D. W. Griffith. ¿Algún fotógrafo negro intentó, del mismo modo, fijar imágenes verdaderas que tuvieran relación con su pueblo, imágenes cuyo poder creativo sirviera para exponer y desmontar aquellos bulos del racismo visual? Sin duda, las imponentes imágenes de James Van Der Zee son muestras valiosas que reflejan con realismo al negro urbanita, y más en concreto a los habitantes de Harlem durante la década de 1920, desde los vecinos pequeñoburgueses hasta los combativos garveyitas. Aunque los estudiosos de la fotografía ven en Van Der Zee una excepción a la regla —al menos cuando se avienen a reconocer sus méritos—, debe de haber muchos como él.

Los años veinte fueron muy especiales para los artistas negros de Estados Unidos, sobre todo para los escritores y pintores, ya que, a diferencia de sus coetáneos músicos, los primeros aún no estaban relegados a un marco cultural continuista ni a una identidad exclusivamente afroamericana. «Los jóvenes artistas negros que creamos hoy nuestras obras aspiramos a mostrar, sin miedo ni vergüenza, nuestra individualidad como personas de piel oscura».[135] Estas fueron las palabras de Langston Hughes en su artículo «El artista negro y la montaña racial». A finales de esa década, los artistas literarios y visuales negros lograron sentar las bases de una estética deliberadamente afroamericana que reflejaba las condiciones sociales e históricas de la comunidad negra y daba voz a las tradiciones culturales, tanto nuevas como heredadas.

> Dejad que la algarabía de las bandas de jazz y la atronadora voz de Bessie Smith con su blues se cuelen en los coches cerrados de esos aspirantes a intelectuales afroamericanos hasta que, al fin, escuchen y comprendan. Dejad que Paul Robeson cante su *Water Boy*, Rudolph Fisher describa las calles de Harlem, Jean Toomer sostenga entre sus manos el corazón de Georgia y Aaron Douglass dibuje sus extrañas fantasías.[136]

Y dejemos también —podríamos añadir— que James Van Der Zee saque sus fotos de Harlem, o que P. H. Polk inmortalice con la ayuda de su cámara siquiera un atisbo de la importancia histórica del Instituto Tuskegee.

135 L. Hughes, «The Negro Artist and the Racial Mountain» [«El artista negro y la montaña racial»], publicado originalmente en *The Nation* el 23 de junio de 1926 e incluido después en Williams y Harris (eds.), *Amistad 1*, Vintage, Nueva York, 1970, p. 305; hay versiones españolas del texto de Hughes disponibles en internet.

136 *Ibidem*, pp. 304-305.

Poco tiempo después de todos estos logros, llegó el crac del 29 y la crisis económica, que trajo la miseria a toda la población, pero cuyo impacto resultó más letal en el caso de los afroamericanos, sobre todo para los campesinos del sur. Los negros empobrecidos poblaron la obra del equipo de fotógrafos que integraban la Farm Security Administration —Dorothea Lange, Ben Shahn, Carl Nydans, Walker Evans—, cuya documentación de la vida rural durante los años de la Depresión tiene un valor incalculable. Se han conservado innumerables imágenes de la pobreza sufrida en Estados Unidos. Sin embargo, los negros, como los blancos, no eran simplemente pobres. Sus vidas expresaban algo más importante que esa «dignidad a pesar de la pobreza» que, sin pretenderlo, captan a menudo las fotografías. ¿Dónde están el resto de imágenes: esas fotos de los negros campesinos y aparceros que salen a la calle, luchan y se defienden en la Alabama rural? ¿Y las de los militantes sindicales de Detroit, los manifestantes en paro de Chicago? ¿Dónde están las imágenes que nos presentan como auténticas personas, como seres humanos? En definitiva: ¿dónde se encuentran esas fotografías de una comunidad tan madura y compleja como la nuestra, formada por personas oprimidas en búsqueda incesante —en especial, desde los años cuarenta y cincuenta hasta la actualidad— de una existencia colectiva humana? El día que se desentierre todo ese legado, y se sigan capturando nuevas tomas, nos daremos cuenta de que los fotógrafos afroamericanos llevaron sobre sus hombros —y seguirán llevando— la abrumadora carga de esta responsabilidad.

La crítica Gisele Freund señala que la importancia del medio fotográfico no radica solo en su capacidad para desarrollarse como una forma de arte sustantiva, sino también en algo más importante: en «su capacidad para dar forma a nuestras ideas, moldear nuestra conducta y definir nuestra sociedad».[137] Si pretendemos superar el racismo en Estados Unidos, tanto en sus manifestaciones institucionales como en el tejido social, sin duda los fotógrafos afroamericanos están llamados a desempeñar un papel especial redefiniendo todo un imaginario popular ideológicamente contaminado. Este proceso exige que hagan gala, no solo de su pericia técnica o de su sensibilidad estética y social, sino también, en un sentido muy fundamental, de una visibilidad que hasta ahora se les negaba. En este sentido, en alusión a un brillante fotógrafo contemporáneo, A. D. Coleman escribió lo siguiente:

> Debemos calificar de trágico que nuestros tristes prejuicios hayan privado a Roy DeCarava del amplio público que siempre ha merecido, pero también que ese nutrido público no haya podido aún conocer a un artista con tanto que ofrecernos y al que tantas personas deberían descubrir cuanto antes.[138]

Yo solo añadiría: ¿y a cuántos artistas más?

137 G. Freund, *Photography and Society,* David R. Godine, Boston, 1980, p. 5; hay edición española: *La fotografía como documento social,* J. Elias (tr.), Gustavo Gili, Barcelona, 2001.

138 Coleman [1979:28].

PINCELADAS POR EL CAMBIO: EL ARTE DE RUPERT GARCÍA[139]

En la primavera de 1978 se inauguró una exposición pionera en el Museo de Arte Moderno de San Francisco. Aunque la mayoría de los asistentes al evento estaban familiarizados con las ideas asociadas al hecho de visitar un museo y admirar obras de arte, para un buen número de los presentes aquella fue, en realidad, su primera visita a un museo. Jóvenes y mayores —e incluso familias enteras de origen latino o asociadas a otras etnias— se desplazaron hasta el célebre bastión artístico de San Francisco para rendir homenaje a un joven chicano que se estaba convirtiendo rápidamente en uno de los artistas más brillantes de la zona de la Bahía. Al ritmo de los mariachis, encargados de abrir la ceremonia, los espectadores bailaron por el museo junto a unas paredes que sostenían los cuadros de Rupert García con la dignidad propia de quien se enorgullece de su herencia étnica. De hecho, un renovado entusiasmo cundió entre el auditorio. Pues no solo se había invitado a un joven autor chicano a exponer sus obras en el

139 La primera versión de este texto apareció como prefacio al catálogo de la exposición dedicada a Rupert García [Institute of Culture and Communications East-West Center, Honolulú, 1987], celebrada entre el 1 de junio y el 31 de julio de 1987.

museo de arte más prestigioso de San Francisco, sino que su trabajo daba sobradas muestras de solidaridad con las luchas políticas de los pueblos oprimidos, lo que convertía la exposición de Rupert García en un acontecimiento iconoclasta.

Cuando asistí a la inauguración, ya conocía a Rupert desde hacía cinco años, aunque estaba familiarizada con su obra incluso antes de nuestro primer encuentro. Durante el periodo que pasé en la cárcel a la espera del juicio por los falsos cargos que pesaban sobre mí —asesinato, secuestro y conspiración—, mi abogado me trajo a la celda uno de sus carteles. Mostraba un retrato mío con el eslogan «Libertad para los prisoneros [*sic*] políticos». De entre las decenas de carteles que vieron la luz durante los dos años que duró mi encarcelamiento —y el posterior juicio—, este fue sin duda uno de los ejemplos que más contribuyeron a sensibilizar con respecto a la lucha por la libertad que estábamos viviendo los presos políticos y, en particular, la campaña por mi libertad.

En 1969, la junta de gobierno de la Universidad de California (de la que era miembro en activo el por entonces gobernador Ronald Reagan) me despidió de mi puesto como profesora de Filosofía alegando que mi afiliación al Partido Comunista me convertía en una figura «indeseable». En aquella época, mientras llevaba a cabo la defensa de mi derecho a enseñar, me sumé a los movimientos que exigían anular los falsos cargos que pesaban contra George Jackson, John Clutchette y Fleeta Drumgo, a quienes se acusaba de haber asesinado, en enero de 1970, a un guardia de seguridad en la cárcel de Soledad. Durante el verano de ese mismo año, Jonathan Jackson, hermano menor de George, se valió de unas armas registradas a mi nombre —pistolas que yo había comprado por motivos de seguridad debido a las numerosas amenazas anticomunistas y racistas que había recibido— para iniciar una revuelta de presos en un juzgado de San Rafael, localidad ubicada en el condado de Marin, California. Por culpa de ese baño de sangre se me acabó acusando de conspiración y secuestro, al tiempo que se me achacó también el asesinato del juez que perdió la vida durante el enfrentamiento. Mi única esperanza de escapar a la cámara de gas de California reposaba en el éxito del movimiento popular que se fue organizando en todo el país y, con el paso tiempo, en otros continentes para reclamar mi liberación.

Como advirtieron los organizadores del Comité Nacional Unido para la Liberación de Angela Davis y del resto de Presos Políticos (NUCFAD), el arte desempeñaba un papel indispensable en aquella campaña, pues a menudo permitía comunicar nuestro mensaje con mucha más fuerza que las habituales octavillas y panfletos, por importantes que fueran dichos recursos. Gracias a su convincente sencillez, el eslogan «Libertad para los prisoneros políticos» de Rupert García contagiaba la responsabilidad moral y política que sentían los partidarios de las causas progresistas. En su mano estaba defender la causa de aquellos de nosotros que corríamos peligro por culpa de la represión predominante.

Conocí a Rupert García en septiembre de 1973. Recuerdo la fecha exacta porque, en el evento donde nos presentaron, la gente discutía sobre el derrocamiento de Salvador Allende y del Gobierno de la Unidad Popular de Chile que acababa de formarse (no mucho después, Rupert crearía una conmovedora pieza titulada «México, Chile, Soweto…»). Hablamos del retrato que me había dedicado y de su importante papel en la campaña por mi libertad. En ese momento, me enseñó otro cartel que reflejaba las luchas vividas durante el tiempo que había pasado en la cárcel: «Attica es Fascismo», rezaba la pieza. El mensaje del eslogan era coherente con la imagen dibujada: una calavera que simbolizaba la represión homicida impuesta contra los presos por orden del todavía gobernador de Nueva York, Nelson Rockefeller, a modo de represalia por haber exigido condiciones carcelarias menos agobiantes, mejor manutención y más atención médica, junto con la libertad para leer —entre otras cosas— literatura política de corte radical. Así, haciendo gala de un tema recurrente en la producción de Rupert García, los dos carteles que estoy comentando expresaban la búsqueda de la libertad humana con la ayuda de un impacto visual muy potente, algo característico de su obra.

La relación que existe entre las imágenes propias de este artista y las batallas políticas entabladas realmente por la emancipación de los oprimidos no debería suscitarnos confusión alguna. El arte de García hunde sus raíces en una tradición estética forjada en el seno de los movimientos negro y chicano de finales de los años sesenta. De hecho, algunos de sus primeros trabajos están emparentados con los acontecimientos asociados a la Huelga General Universitaria convocada en el estado de San Francisco en 1968, que conquistó el derecho a impartir programas de estudios negros y chicanos, así como de estudios nativos americanos y asiático-americanos. Durante ese periodo, Rupert había diseñado dos carteles inspirados en las luchas de César Chávez y su Sindicato de Trabajadores Agrícolas Unidos, además de varios retratos de los Panteras Negras que habían sido víctimas de una de las oleadas más brutales de represión política que nuestro país haya conocido. ¿Y qué simbolizaban sus retratos del Che Guevara y de Emiliano Zapata sino los vínculos de esos movimientos con la defensa mundial de los oprimidos y los pisoteados?

Rupert García siempre ha demostrado una preocupación obvia y fundamental: comunicar imágenes humanas capaces de preservar la conciencia de nuestros patrimonios raciales y nacionales, así como de las luchas colectivas que viven nuestros pueblos en nombre de la libertad y la dignidad. Esta es la razón por la que tantas personas que han sido excluidas de los libros de historia encuentran un lugar en su obra. Del mismo modo, todas aquellas voces que han tomado parte en nuestras luchas y parecen destinadas —si nada lo impide— a quedar sepultadas bajo el trazo grueso de la historia encuentran acomodo en la obra de Rupert García. Y es que en sus trabajos vemos, por ejemplo, al reverendo Ben Chavis —cuya libertad se pidió en una manifestación en Raleigh, Carolina del Norte, en 1976— dar la mano a Inez García, condenada a una pena sumamente abusiva por haberse enfrentado al violador que intentaba agredirla. En otra de las piezas, un obrero mexicano es asesinado en mitad de una huelga, y Nelson Mandela, el líder encarcelado del Congreso Nacional Nativo de Sudáfrica, se mantiene firme pese a los padecimientos que le inflige el *apartheid*. En todas estas imágenes, Rupert hace un audaz llamamiento a aquellos que presenciamos los esfuerzos necesarios para mantener con vida el legado humanitario.

Aunque la herencia cultural de este artista chicano es un tema importante en su vida y su obra, esto no le impide definirse a sí mismo, o definir su arte, como internacionalista. No en vano, persigue el objetivo de forjar fuertes vínculos entre los movimientos que van viendo la luz en todo el mundo. Empezando por México, García se acerca luego a Chile y Filipinas, y prosigue hacia Irán, Sudáfrica y Mozambique. Así pues, aunque la dimensión cosmopolita de su obra resulta inconfundible, otro tanto ocurre con su búsqueda explícita y certera de la universalidad. Tradicionalmente, la gran mayoría de los críticos blancos, al abordar el trabajo de todos esos artistas (visuales y literarios) racialmente oprimidos que exploran las experiencias y las luchas de sus pueblos, tienden a desestimarlos con el argumento de que son «provincianos» o «de mirada corta». Los críticos de esta índole, cuyas actitudes suelen estar manchadas de racismo hasta la médula, se han visto obligados con frecuencia —debido a la fuerza de la obra de García— a reconocer en ella cierta universalidad, encarnada en la concreción visual del clamor igualitario propio de los pueblos tercermundistas.

En cuanto al contexto histórico y artístico de esta obra pictórica, no hace falta especular demasiado. Los retratos de García conservan la huella del montón de artistas responsables de crear y perfeccionar la corriente estética en la que él se posiciona. Así, como buena muestra de su cultura chicana y su ascendencia artística mexicana, podemos mencionar los retratos de Diego Rivera, Frida Kahlo, Tamayo, Siqueiros y Orozco. Por su parte, las imágenes del pintor comunista Pablo Picasso, o la del dramaturgo revolucionario alemán Bertolt Brecht, subrayan el carácter global de una tradición estética que pone el arte en relación intrínseca con la lucha política progresista.

Pese a todo, Rupert García no se contenta con crear imágenes. Al mismo tiempo, siempre ha procurado que otros muchos artistas de su misma tradición tomen su relevo. En este sentido, su papel como miembro fundador de la Galería de la Raza de San Francisco demuestra su compromiso con la causa progresista, sobre todo en el caso de aquellos artistas que proceden de comunidades racial y étnicamente desfavorecidas. Sin ninguna duda, la obra de Rupert García servirá de inspiración a estas luchas durante mucho tiempo.

AGRADECIMIENTOS

Hace apenas cinco años, durante una de las visitas que, con cierta frecuencia, mis padres realizaban a la región de la Bahía de San Francisco, me encontraba preparando el discurso que debía pronunciar en la ceremonia de graduación celebrada en el instituto de Berkeley. Mi madre tuvo a bien señalar que, si estaba habituada a dedicar buena parte de mi tiempo a redactar discursos, bien podría sopesar la posibilidad de publicarlos en forma de libro. Quisiera dar, por tanto, las gracias a mi madre, Sallye B. Davis, por haberme propinado el empujón inicial hacia el presente trabajo, un proyecto, sin embargo, que no pasó de ser una idea seductora —aunque irrealizada— hasta que mi íntima amiga Nikky Finney me convenció de que debía sacar tiempo para hacerlo realidad. De hecho, fue Nikky quien me ayudó a rebuscar entre montones de mis antiguos discursos y artículos con la intención de escoger los materiales que acabaron conformando la presente colección. Fue ella también quien leyó el manuscrito final y me ayudó a encontrar los títulos más apropiados para cada capítulo. Así, el título del pasaje dedicado a Winnie Mandela lo tomé prestado de un poema que Nikky había dedicado a las mujeres sudafricanas, inspirado a su vez en las proclamas que aquellas pronunciaron durante la campaña de 1956 contra las Pass Laws: «Al tocar a las mujeres, habéis golpeado una roca y liberado el peñasco que os terminará aplastando».

Algunas de las ideas incorporadas en estos discursos son el resultado de los debates políticos entablados hasta altas horas de la madrugada con mi querida amiga June Jordan. A ella debo agradecerle su lealtad, pero también que me haya permitido incluir aquí su «Poema sobre mis derechos».

Estoy asimismo agradecida a Stefanie Kelly —que era por entonces mi profesora adjunta en el Departamento de Estudios sobre la Mujer de la San Francisco State University— por haber pasado tantísimas horas ante el ordenador mecanografiando y puliendo el manuscrito original. Me brindó una ayuda inestimable.

Por último, quisiera dar las gracias a mi secretaria, Roberta Goodman, responsable de velar con esmero por el cumplimiento de cada fase de este proyecto.

Índice

«E il naufragar m'è dolce in questo mare»